书山有路勤为径，优质资源伴你行
注册世纪波学院会员，享精品图书增值服务

云学堂 | 商业学习书系

5E领导力

激活个体、赋能团队的教练方法

陈清文 郑磊 著

电子工业出版社

Publishing House of Electronics Industry

北京 · BEIJING

图书在版编目（CIP）数据

5E 领导力：激活个体、赋能团队的教练方法 / 陈清文，郑磊著 . —北京：电子工业出版社，2021.1

ISBN 978-7-121-39961-9

Ⅰ . ① 5… Ⅱ . ①陈… ②郑… Ⅲ . ①领导学—研究Ⅳ . ① C933

中国版本图书馆 CIP 数据核字 (2020) 第 225626 号

责任编辑：吴亚芬
印　　刷：涿州市京南印刷厂
装　　订：涿州市京南印刷厂
出版发行：电子工业出版社
　　　　　北京市海淀区万寿路173信箱　　邮编100036
开　　本：720×1000　1/16　印张：15　字数：202千字
版　　次：2021年1月第1版
印　　次：2021年1月第1次印刷
定　　价：68.00元

凡所购买电子工业出版社图书有缺损问题，请向购买书店调换。若书店售缺，请与本社发行部联系，联系及邮购电话：(010) 88254888，88258888。

质量投诉请发邮件至zlts@phei.com.cn，盗版侵权举报请发邮件至dbqq@phei.com.cn。

本书咨询联系方式：（010）88254199，sjb@phei.com.cn。

对本书的赞誉

　　"如何持续创造卓越的绩效，推动组织持续地发展？"相信这是每个组织都面临的核心问题。无论是不断地进行产品与服务创新，还是提升运营效率，或者是发展领导者的领导力等，组织都在探索着这个核心问题背后令自己满意的答案。

　　无论组织的答案是什么，关于领导者的领导力的发展研究与实践一直是相关专家、学者及组织发展中最为关注的影响因素之一。在我近30年对领导力的研究与实践中，深刻感受着领导者对组织文化及绩效目标达成的重要影响。领导者对自己及团队成员的激发与赋能成为最大化释放自己与团队成员潜能的有效方式，而激发个体、赋能组织是互联网时代组织管理的新范式，也是推动组织持续发展的新途径。这本书从开发人与团队的潜能出发，提供了系统的训练体系以帮助领导者提升领导力，从而有效地激发员工潜能，释放组织活力。值得一提的是，书中提供了实操性很强的教练工具以支持领导者的实践。无论你是高层的领导者还是刚刚进入管理岗位的新经理，甚至是一位想提升自己领导力的职场新手，这本书都将带给你新的启发与收获。

——郑振佑（Paul）博士

世界双大师级教练（ICF MCC＆IAC MMC），

北京亚细亚高智企业管理咨询有限公司CEO

　　一个人变强，是从意识的觉醒开始的；而一个组织变强，是从组织中的人变强开始的。在新技术、新潮流、新手法层出不穷的当下，如何激活组织成为领导者的一大挑战。在多年实践中，这本书的作者们提炼了高绩效组织具备的五种力量（Energy），而对于领导者如何提升自身领导力，驾驭并唤醒组织成员的这五种力量，这本书给出了非常好的方法论。

——黄秋丽

财经作家，资深媒体人，

《中国企业家》原杂志编委、研究总监

　　创业十几年，我的公司已经发展到了一定规模，而领导力提升已经成为公司迈上新台阶的关键点。趁着国庆假期一口气读完了这本书的初稿，发现与领导力相关的理论、实践问题、判断方式、修炼方法都在里面，真是让我欣喜若狂，如获至宝。自觉力、思考力、激发力、合作力、执行力每一个都是企业发展的关键能力，需要管理团队不断修炼加强。这本书就是我们公司领导力训练的教科书！

——吴安华

中科创达软件股份有限公司联合创始人

　　有幸受这本书的作者之一的郑磊先生邀请，为这本即将出版的新书写推荐语。记得第一次听他谈5E是在2019年春天，当时他眉飞色舞地说，我聚精会神地听，完全被这套体系所吸引。作为在外资500强企业摸爬滚打近30年的HR老兵，由于平日里经常和高层管理者共事，深知很多管理者的痛点。5E这套理论加实践、加抓手的东西实在太适合各行各业管理者在各种情境下根据自身需要而囊中取物了，如果灵活运用，则会行之有效。

　　这本书的作者们在文中写道：5E代表"自觉力、思考力、激发力、合作力、执行力"五种能力或力量，同时又是"武艺"的谐音，寓意领导力是一种可以在后天通过努力习得的功夫。此外，5E还代表"自觉+思考+激发+合作+执行"的文化。当我完整阅读这本书的初稿时，脑海中还浮现出"舞艺"的画面：好的领导力就像舞池中轻盈的翩翩舞者，时而在需要时给舞伴一个暗示，示意对方变换舞步和节奏，有自觉、有激发；时而又是很好的跟随者，没有犹豫、没有判断，只有足够的信任与合作。而无论是引领者还是跟随者角色，都有很好的执行力，都贯穿了自觉、思考、激发、合作和执行的团队文化，从而完成了一场又一场美妙的舞蹈，我想这或许是5E领导力的又一个隐喻吧。

　　希望每位领导者，以及正在成为或希望成为领导者的你，通过这本书能够提升五种能力，进而成为一个武艺高强的领导者、一个舞艺精湛的领导者，在VUCA时代乘风破浪！

——忻春

外企500强HR高管

2020年是非常让人难忘的一年，先有疫情出现后有国际关系的变化，再加上数字化转型等变化因素，企业在业务层面和组织层面都受到很大的挑战。这时我们会看到很多现象，所谓几家欢乐几家愁。有些团队在公司面临危机的情况下和公司同进退，尝试各种模式，拉动收入，得到逆势增长；而有些团队因为面临改变不仅不作为甚至还和公司有劳动诉讼，每次企业家们聚会时都是各自感慨，都羡慕和向往有一支协作力强、以结果为导向的团队。

为什么会有这样截然不同的情况出现？这里面既有企业家的问题也有团队的问题，所以如何能够激活个体，赋能团队？这个问题将得到越来越多的企业的重视。

非常有幸在2018年云学堂快速发展之际遇到陈清文和郑磊两位老师，他们的5E领导力的教练方法帮助云学堂在企业文化落地及管理者培养方面取得很大的成功，解决了我们文化不统一、部门壁垒高，以及配合度低等具体问题。

对于每个像云学堂这样快速发展的公司来说，大家都会面临如何将企业文化真正落实到工作行为中，让每个愿意在企业发展的员工被激活，同时能够破除团队之间的部门墙，达成高效协作，达到企业绩效提升的目的的问题。作为企业管理者，我们也在做各种尝试，使用过培训、咨询、教练等方法，但是似乎收效不大，因为很多事情都是点状的呈现，没有系统化地解决问题。

第一次和两位老师谈5E领导力就让我眼前一亮，一个高绩效的人或组织，呈现的力量是多面的，包括了自觉力、思考力、激发力、合作力及执行力五种力量，这五种力量之间是相辅相成的，可以通过学习和训练，让组织的能力呈螺旋式的增长。这五种力量不仅和云学堂的价值观相吻合，而且通过培训和教练的模式也让这个项目的全员落地性得到加强。因此我们一起做这个项目，我们一起打磨产品细节，时时复盘。经过四个月的实践，云学堂收益颇多。如果没有在2018年前瞻性地开启这个项目，面对2020年的疫情，云学堂不会有如此好的逆势增长，当时被教练的骨干，在2020年都成为独当一面的英才。

无论从组织层面还是个人层面，5E领导力不仅给出了详尽的知识点，还给出了具体的训练方法，看似简单，却非常实用。对于每个希望能成为卓越管理者的个人来说，很多道理大家都知道，但是如何能做到并且能形成永久的工作习惯，是一件很困难的事情。尤其是对于领导力这样的软技能来说，让团队中的每个人都有这五种能力，同时让组织能够通过拥有五种能力变得更加高效，必须有一个实践过程，而这个实践的过程是非常值得的，可以让我们看到完全不一样的结果。

这本书的出版会让更多追求卓越的人能够找到走向卓越的通道，同时云学堂也和两位老师一起将本书的知识点及工具做成了线上课程，希望帮助更多的人和组织能够得到更好的成长。

2020年即将过去，也许在未来我们会遇到更多的挑战，但是掌握自觉力、思考力、激发力、合作力及执行力这五种力量，将让我们和团队无惧任何挑战，一起走向辉煌。

丁捷

云学堂联合创始人、总裁

推荐序二
人人都有领导力

我认识清文老师是在2018年筹办国际教练联合会（International Coach Federation，ICF）北京分会复会会议时，首先邀请她担任理事，后来再请她担任副会长。记得初次见面是在一家茶艺素食餐厅，她穿着中式长衫，人如其名，清朗平易、文思缜密，让我印象深刻。

她多年来从事领导力教学和教练工作，是一名非常资深的教练，她的教练风格如沐春风，又能引发深刻的反思。许多企业请她担任高管教练，不仅可以提升绩效，而且可以有效地突破盲思、建立持续的变革动力，因为她的教学经验丰富，也参与了国内最早企业教练的培训教材的编撰，同时能学用合一，在北师大及亚细亚高智担任导师。这本《5E领导力》正是她和郑磊经过十多年在领导力和组织发展的辅导中高度总结的传世心法与方法。

我想谈谈我推荐这本书的三个理由。

第一，它相信人人都有领导力。

我多年教授领导力，最重要的心得是：人人都有领导的潜质。领导力不是领导者或那些担任领导角色才需要具备的能力，而是每个人都应有的能力。领导力是可以通过学习而获得并精进的能力，书名中5E的E指的是能量（Energy）即能力，是以正向能量为基础的。5E除指五种能力外，同时也是"武艺"的谐音，表示这些能力是需要习得、需要精练的。

很多领导者认为下属不像自己那么主动积极，所以会用传统的胡萝卜加大棒的方式驱动下属，但这不会真正解决下属主动积极的问题，因为它还是以领导者为中心的传统领导力。除非领导者愿意以信任和尊重的心态和团队成员相处，相信人人都有领导力，正向能量才能发挥；相信人人都愿意成为组织的贡献者，彼此的关系就会相互作用产生向善的动能，而这需要一套新的领导哲学。5E领导力的领导哲学以五个相信为基础，让领导者相信团队成员，共同发挥正向的能量：

（1）每个人都是可以自我负责的；

（2）每个人都是足智多谋的；

（3）每个人都具有无限潜能；

（4）每个人都可以整合和创造资源；

（5）每个人都是可以改变的。

因此，领导者最重要的工作就是赋能，让所有人都从被动、缺乏自信、固化的思维中觉醒，就能激发彼此的正向能量。

第二，它的领导力框架既简单又有深度。

领导力的定义有数百种，最简单的定义是领导力就是影响力，最复杂的是将领导力细分成167种能力。我同意用一个简单但有深度的框架来定义领导力。在定义领导力时，五层架构是经常被使用的，有的着重于领导者的角色，如约翰·麦斯韦尔（John Maxwell）的五个层次领导力、吉姆·柯林斯（Jim Collins）的第五级领导者；有的着重于领导的行为典范，如詹姆斯·库泽斯（James Kouzes）和巴里·波斯纳（Barry Z. Posner）的五种领导行为习惯；而5E领导力提出的框架是五种高级复合的行为能力。

为什么说它是高级复合的行为能力呢？这是相对单一基础行为能

力而言的。单一基础的行为能力包括：思考、观察、表达、提问、倾听、反馈、记录等，而高级复合的行为能力是单一基础行为的加成组合，如对话、沟通、赋能、协作、共创等。

本书提出5E领导力的框架是：自觉力、思考力、激发力、合作力、执行力，是若干单一基础行为能力的加成组合。但它是基于什么目的组合，以及为什么是这五种能力呢？

我粗浅地认为，企业发展的核心是人，企是"人止"二字组合，意思是需要人聚合在一起才能成大事。因为人人都能成为领导，所以要先从自觉力开始学习，自我认知、自我驱动、自我刷新，建立自己的领导观；然后锻炼思考力，包括战略思维、创新思维和问题解决；而后善用激发力，与组织内所有人进行文化塑造，激发卓越并赋能团队；进而再发挥合作力，彼此能够优势互补、换位思考、共进共赢；最后大家能精进执行力，即对成果负责、一次把事情做对，并反馈复盘、不断优化。

我也想过，在这个架构中可不可能再加入其他的能力？例如，复原力、坚毅力等。也许作者早已思考过，但目前的五乘三就有15种高级复合能力，如果再加入其他能力，这个框架就会显得臃肿，也不好记忆。我相信这15种复合能力是经过验证的。作者选择的框架，是着重于实务上的不可精简，而非求学理的周全。自觉力、思考力、激发力、合作力、执行力这五种能力正是彼此关联、不可或缺的。

此外，5E领导力是高级复合能力，不同于基础单一行为能力，要如何精进也是学习的重点。一般而言，基础单一行为能力的精进在于练习，就像弹钢琴、烧菜、煮咖啡一样，不断练习就能进步；而高级复合能力的精进在于学习，学习是通过觉察、觉察的觉察、反思加上练习，才能精进。陈清文老师和郑磊先生都是资深教练，在练习工具上加入了许多教练的工具，如愿景画布、使命的探索、核心价值观的探索、复盘五问等。一方面可以加深学习思考的深度，另一方面也提出对学习者人生的大哉问。

第三，它的领导力学习结构很有层次，也很实用。

在领导力教学上，多年的经验告诉我，教学不能只教知识或技能，许多领导力大师谈的心得是高度抽象，而偏概念性的，如领导者要真诚、领导者要有远见等。在设计教学上，必须同时考虑四个要素组成：心态（Attitude）、知识（Knowledge）、技能（Skill），以及情境应用（Situational Application），才能让学习者知道为什么、是什么、怎么做、如何在不同情境中应用。

我觉得5E领导力的教学设计在这方面考虑得很周详，5E在每种能力上又分为三种行为能力标识，并在阐述每种行为标识中分四个方面，从"为什么""是什么""如何提升"到"如何真正面对不同的人、不同的工作场景"，可谓层次分明、循序渐进。

这本书可以说是一本武林秘籍，既有理论性，又有实操性，读后再配合修炼的策略和方法，如SEA小组的建立、集中演练、督导和跟进，就是一套完整领导力的学习体系。

最后，我想再谈谈被誉为"领导力经典"的《领导力》一书，这本书的两位作者是詹姆斯·库泽斯和巴里·波斯纳，这本书可谓图书界的长销书，目前中英文版已经发行到第六版，版本更新的原因是每个年代的案例都不同。大约是每五年会有一个新版本问世，从20世纪80年代到现在已经30多年，让我最惊讶的是，从第一个版本到现在的第六版，他们提出的领导力框架只是微调过顺序，但没有改变过，包括五项行为习惯与十项行为标识。我觉得一个框架可以持续使用30年以上，并能和时代发展同步，证明两位作者对领导能力发展有长远的洞见和系统的思考。

　　我认为《5E领导力》这本书提出的领导力框架也是如此，但《5E领导力》是以中国人的观点和案例来撰写的，除有洞见和系统外，更接地气，我预祝陈清文老师和郑磊先生的《5E领导力》能和詹姆斯·库泽斯和巴里·波斯纳的著作有一样的影响力，并使更多的中国领导力大家们一起来撰写中文的领导力书籍。

陈生民

清华大学经管学院领导力研究中心研究员

国际教练联合会（ICF）前北京分会会长

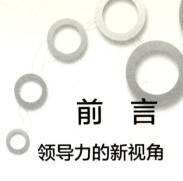

前　言

领导力的新视角

> 我们每个人都有必要把自己暴露在改变的风潮之下，非改变不足以解决问题。
>
> ——安迪·格鲁夫（英特尔前总裁）

为什么需要5E领导力

伴随着时代的发展与社会的进步，人们步入了一个新的、转变的时代。无论这种转变是历史推动的还是科学技术拉动的，也无论是以互联网为标志的，还是以个体潜能发挥与价值体现为标志的，发展与变化已然成为国家、组织，以及个人成长的主旋律，无论你愿不愿意，你都在转变的大潮中。

在高速发展的今天，复杂的环境与激烈的竞争带给人们进步的机遇，同时也带给人们前所未有的挑战。商业模式的变革、组织方式的变革、领导风格的转变、知识工作者的潜能发挥等都成了当今组织与个人发展的焦点话题。

组织发展需要持续不断地创造绩效与贡献价值，这使人们的思考回到绩效创造的根本因素，也就是回归到人身上。人是创造卓越绩效的最根本因素。所有的事都是人做的，即使有再好的战略与流程、再好的产品、足够的资金，如果人不去好好做，那么从产品到资本的转换也不能完成。教练职业、教练技术，以及5E领导力[1]训练体系也都是在这样的大环境下开始蓬勃发展起来的。企业的中高层领导者开始越来越多地关注自身和员工软技能的发展，以及组织激发、赋能等软实力的打造。近几年，5E领导力训练项目需求的持续增长有力地印证了这一点。

持续创造卓越的绩效，这是在组织发展与领导力发挥项目中都关注的目标。在多年的组织研究与服务中，我们认为在绩效与人之间有这样一个逻辑：企业文化影响绩效，领导者风格影响企业文化。领导者的思维与行为在组织发展中起到了非常关键的作用。尤其在一个高速变化的时代，对领导者的自觉力、思考力、激发力、合作力和执行力等都提出了巨大的挑战。领导者能否带领组织与团队不断学习，主动融入并管理变革成为关键。领导者如何从传统的英雄式的，或者指挥官型的、教师型的领导者转型为激发、赋能式的教练型的领导者成为新时期领导者的挑战。

21世纪，拥抱变化、管理变革已经成为领导者的口头禅。在英特尔前总裁安迪·格鲁夫撰写的《10倍速时代》一书中，能够感受到他对新技术、新手法、新科技可能对旧秩序带来的颠覆性影响的深度的前瞻性思考。安迪认为，在充满不确定性及变化迅猛的今天，企业要通过设定新规则、创造全新的环境来面对竞争与发展。安迪将竞争者、供应商、客户、潜在竞争者、产品或服务、协力业者（指与企业有互相支援关系的其他企业）这六种力量之一的力量所发生的巨幅变化称为10倍速变化。他认为面对10倍速的力量，企业很可能无法决定自己的命运，也不再像过去那样有所反应。

1　"5E领导力"是我们经多年实践提出的一个关于领导力发展的新概念，其中"E"代表Energy，即能量、活力、精力。"5E"则代表五种能量或五种力量即能力：自觉力、思考力、激发力、合作力和执行力。

安迪·格鲁夫的视角让人们看到了一个"变"字，也就是要把握好事物发展的节奏与时机，并且能及时响应发展中的各种变化。

谈及管理变化，可以让人们想到微软首席执行官萨提亚·纳德拉，他在《刷新：重新发现商业与未来》一书中全面回顾了微软的变革之路，并系统总结了他在当今时代的核心管理思想，即任何组织与个人，在达到某个临界点时，都需要自我刷新。正是因为他不断地拥抱变革，不断地创新，不断地带领他的团队坚定践行他的核心管理思想，才促使他自上任以来仅用四年时间就令微软的市值翻番，并且超过了微软在互联网泡沫时期的最高成就。

在快速变化的环境下，单靠固有的经验或几个专业人士的力量已经远远不够了，新时期的发展需要组织中的每个人拥有更多的自主性、更高的思考力、更有效的自律性、更强的合作精神，以及更强大的执行力去成就自己的价值，成就团队的价值，以及成就组织的未来。

管理大师彼得·德鲁克在《21世纪的管理挑战》一书中曾经指出：20世纪，企业最有价值的资产是生产设备。21世纪，组织（包括企业和非营利性组织）最有价值的资产是知识工作者及其生产率。

正如德鲁克所说，知识工作者在21世纪发挥着越来越重要的作用，那么，如何有效提升知识工作者的生产率呢？

如果把组织比喻成一个有机生命体，组织中的员工就是一个一个的细胞。细胞的健康与活力与其个体的特性，以及如何与其他细胞进行互动有关，更与整个机体的生态环境密切相关。如果环境是有利于生命生长的，则细胞便可以更好地成长；如果是不利于生命生长的，则细胞很容易失去正常的活力，甚至会夭折。

要想让一个生态系统不断进化，保持细胞及细胞所在的小环境的健康与活力至关重要，同时，保持对小环境之外的大环境的敏感度并进行及时有效的互动也是必不可少的条件。

如果回到如何提升知识工作者的生产率这个话题，至少可引发三点思考：一是如何给个体员工赋能，集中精力发挥他们的天赋与优势，支持他们不断保持活力与创造力；二是如何创建高绩效的组织文化，提升领导者的能力，激活组织活力；三是如何保持对外部环境的洞察并有效面对不确定性，及时做出有效的响应。

这是一本什么样的书

我们在过往十几年的组织发展服务项目实践与探究中发现，无论是一个人还是一个组织，如果能够清晰地知道自己是谁，知道自己的使命与愿景；能够乐观面对挑战并勇于不断创新；能够发现自己及身边人的优势并不断发挥优势；能够有效整合资源并积极地与一切可合作的资源合作；能够建立与目标匹配的行动体系，采取有效的措施将战略变成每一天的工作，则都会有更高的绩效表现。其中，我们看到了一个高绩效的人或一个高绩效的组织呈现出的五种力量：自觉力、思考力、激发力、合作力、执行力。这便是5E领导力诞生的历程。

5E同时又是"武艺"的谐音，寓意为领导力是一种可以通过后天努力习得的功夫，每个人都是一位领导者，每个人都具有领导力。领导力是可以发展的，卓越的领导力是可以被训练和激发的。领导者需要做的就是激活并不断提升自己与员工的责任感，采取有效的方式提升自己的领导力，支持自己与他人迈向卓越，让自己的人生更有品质，让团队协同创造奇迹，让组织的发展更有活力。

我们在近几年的实践中运用5E领导力训练体系使上百位领导者提升了他们的领导力，提升了团队的战斗力，激活了组织活力。我们深刻感受到了众多的领导者运用5E思维及5E领导力训练体系在团队发展、员工和组织潜能开发方面创造的巨大价值。我们帮助企业建立激发与赋能的文化、培养激发与赋能的领导者，从自觉力、思考力、激发力、合作力、执行力五个维度全面支持领导者的成长；通过集中训练、一对一教练、团队教练等方式有力提升领导者的激发与赋能能力，帮助企业培养了更多更优秀的领导者，并且见证了众多优秀领导者的转型及组织的高速增长。

我们真切地希望通过本书，将多年实践成果——5E领导力训练体系分享给更多人并一起探讨，如何在5E领导力训练体系、组织变革与转型、组织发展方面取得更进一步的共创成果，以支持领导者与组织开发与释放更多潜能，并推动新时期的组织在变化中不断进化。

本书在领导者培养及组织发展层面不仅分享了新的思维与视角，同时分享了5E赋能领导者应具备的五大思维与核心能力，以及非常实用、易操作的教练工具，以帮助读者进行有针对性的知识转化。在本书的整体构思中，从"为什么""是什么""如何提升""如何真正面对不同的人、不同的工作场景"四大方面展开论述。

本书为领导者及希望提升自己领导力水平的人们提供了一个新的认知与训练系统，不仅是一本探讨团队与组织赋能新思维的书，还是一本非常实用的赋能团队、激发组织活力、成就卓越领导力的工具书。

为了更有效地支持读者阅读本书并有针对性地应用书中方法和工具，我们在第2部分的每章前都分享了一个本章的思维导图，包括本章所提及的相关内容。

本书第1部分，分享了5E领导力训练体系诞生的背景，以及为什么要发展激发与赋能的领导力和5E领导力，帮助读者建立对组织发展的新视角和针对5E领导力训练体系的全景观。

本书第2部分，重点介绍了自觉力、思考力、激发力、合作力、执行力的重要意义及内涵和组成，同时分享了非常实用的教练工具来提升这五种能力。

附录部分系统分享了5E领导力训练体系在组织应用中的最佳实

践，以更好地支持读者延伸应用。如果你是一位领导者，你可以从本书中获得自我成长、团队打造、文化传承及组织发展等方面的新思维与新方法，即便你不了解教练，你也可以轻松掌握书中提供的教练工具并为你所用；如果你是一位专业的或正在学习教练的教练服务者或咨询者，你不仅可以拥有服务组织及领导者的新思维，并发现新模型，还可以看到教练工具的新应用，为你在领导力与组织发展服务中提供新的助力。

一个人的成长和一个组织的发展有很多条路，你必须自己去探索通往自己目标的道路，同时，成为5E赋能的领导者是可以支持你不断清晰目标、清晰内在的激情、清晰自己的独特优势，连接自信，坚定地朝着目标前进的一种有效途径。在领导者成长的同时也会有效推动组织的自主创新能力与核心竞争力的提升。

鉴于我们对教练文化与组织发展的融合还在不断地积累与实践，在赋能团队、激发组织活力方面还有很大的探索空间，本书难免会有不足之处，期待得到读者朋友的雅正。

没有谁可以从外部打开一个人的心门，也没有谁可以强迫一个人去改变，只有发自内心地想要做出改变时，真正的改变才会发生，就如我们无法叫醒一个装睡的人一样。改变是一个永久的话题，也是人们每天都要面临的，无论你看或不看，改变都在发生着。当然，当你看到这些文字时，我们已经感受到你改变的行动了，就让我们一起行动起来，在改变的大潮中带着好奇与勇气出发并不断前进吧。

————陈清文　郑磊

目　录

第1部分

认识5E领导力

第1章

新时期的组织持续发展的挑战

如果停下来想一想，人们就会发现自己的工作和生活环境已经发生了翻天覆地的变化。人们可以不出家门就让货物送到家；可以不带一分现金就去购物和旅行；可以手指轻轻一点就知晓古今与天下事；可以越来越快地从一个城市到另一个城市等，这些变化都在人们的生活中自然地发生着。通过这些变化人们看到新型的组织模式、商业模式和管理模式的诞生。伴随着社会的政治、经济、文化以及科学技术的进步与发展，每个人、每个组织都已经融入高速变化的大潮中。

从全球视角来看，人们已经进入VUCA[1]时代。在VUCA时代，组织面临的风险和挑战倍增，组织发展的外部环境越来越难以把握，而组织的内部环境也发生着巨大的变化。此外，组织经营发展的关键词从

1　VUCA 是四个英语单词的首字母缩写，分别是 Volatility（易变性）、Uncertainty（不确定性）、Complexity（复杂性）和 Ambiguity（模糊性），音译为乌卡时代，是指多变、不确定、复杂、模糊的时代。

"秩序、规范、标准化、公司价值"逐渐转变为"适度无序、连接、快速迭代、客户价值"等。

当今时代是一个传承与发展、创新与变革的时代，也是一个创造奇迹、创造无限可能性的时代。马云曾在2015年的世界互联网大会上指出："这是一个消灭你却与你无关的时代；这是一个跨界打劫你，你却无力反抗的时代；这是一个你知道你的对手很强，但你不知道你的对手是谁的时代；这是一个你如果醒来的太晚，就干脆不用醒来的时代。"马云的观点让人们看到了一位不断寻求突破与发展的优秀企业家对经营环境的深度思考。在这样的一个时代，无论是管理实践的研究学者还是众多的企业家群体都看到了这样的一个事实，新时期组织最大的挑战就是如何有效面对环境的复杂性、多变性与不确定性，以及如何有效提升组织管理和驾驭变化的能力。

陈春花教授在跟踪百度、腾讯、阿里、海尔等优秀企业十年的持续发展中发现，这些企业在以下五个方面进行了提升。

- 用户至上：从客户转向用户。

- 自我驱动：从自我成功转向自我否定。

- 全员创新：要求全员创新。

- 竞争与学习：通过学习超越竞争，超越自己，自我更新。

- 让失败变得有价值：从失败当中找到成功价值。

借鉴以上的研究成果，可以清晰地看到关注用户价值、自我驱动、不断超越竞争与学习、激发员工创造性等关键因素对一个企业的持续发展带来的重大影响与意义。

著名管理学大师詹姆斯·柯林斯曾经有过这样的观点，他认为，未来的一批长久成功的大企业，将不再由技术或产品的设计师建立，而由社会的设计师建立。这些设计师将企业组织及企业组织的运作视为他们核心的、完整的发明创造。詹姆斯认为，是这些社会的设计师设计了全新的组织人力资源和发挥创造力的方法。组织的发展离不开社会的环境，更离不开组织中核心领导者的领导力发挥，以及员工创造力的激活。传统的领导与管理方式已经不能够适应新时期组织发展的要求了。传统的员工管理更强调管理、指挥、控制，而在新时期，这种管理方式一方面会制约员工发挥主动性、创造性和潜能；另一方面会使组织僵化与动力不足，并出现运营管理效率低下等问题，更别提能够有效对内外部环境的变化快速做出反应。

那么，在共享经济及互联网时代，组织如何面对变化与不确定性，持续保持组织活力呢？

一是要从组织生态的视角进行持续的组织变革管理，对组织进行赋能。例如，组织设计上的扁平化、灵活化、权力下放化、去中心化等都有助于释放员工的潜能和提升员工的积极性。

二是要激活组织的领导力，对团队进行赋能。例如，马云能够带领阿里巴巴持续地发展，这和他坚信"管理一家公司靠的是智慧而非控股"的理念，以及坚持走"共同创业，团队控股，共同成功，共同致富的道路"有很大关系。提升核心领导层的自觉力、思考力、激发力、合作力和执行力是给组织与团队赋能的关键方面。

　　三是要激活员工，释放员工的潜能与创造力。领导者的成长带动员工的成长。如果一位领导者能够认可、关怀、尊重自己的员工，给予他们积极有效的反馈，激发他们的内在驱动力，并且能够保持正直、诚信，有效授权，勇于成为员工榜样，则更能够凝聚追随者为共同的目标而努力奋斗。

第2章

5E领导力训练体系

提到"赋能"一词相信大家都不陌生，"赋能"一词最早出现在积极心理学中，是指通过言行、态度、环境等的改变给予他人正能量，以最大限度地发挥个人才智与潜能。近几年，我们通过教练服务项目为领导者及组织提供赋能组织、激活组织领导力的服务。我们提及的"赋能"，是激发组织的自主意识，激活组织的领导力，释放组织的潜力与创造力，从而有效推动组织提升活力、驾驭变化、创造价值、持续发展的能力。

为组织与团队赋能的5E领导力训练体系（见图2-1）重点聚焦于5E赋能领导者的培养，旨在通过对领导及管理者的5E领导力提升训练，带动高绩效团队的打造，从而推动组织提升活力与持续发展。5E领导力训练体系包括三大部分：5E领导力的领导哲学、5E领导力的领导状态与核心能力、5E领导力的修炼策略与方法。

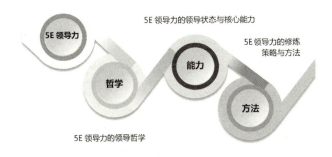

图2-1　5E领导力训练体系

在帮助组织提升领导力的过程中，我们通常运用的修炼策略与方法是基于5E领导力的领导哲学，从包括思维与能力、行为标识及训练工具三方面的5E罗盘（见图2-2）入手的，在支持领导者领导思维与能力提升的同时推动组织在战略、运营、文化、人员、团队五个方面全面发展。

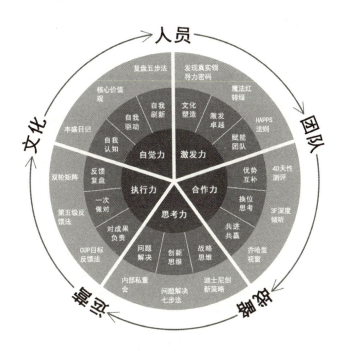

图2-2　5E罗盘

2.1 5E领导力的领导哲学

假如有一艘小木船从上游直冲向下游的另一艘小木船，在下游船上的人还没有反应过来的时候两船就相撞了，此时，如果坐在下游小船上的人是你，你的第一反应会是什么呢？通常情况下人们可能有恐惧、害怕、气愤等情绪，但假如人们知道冲下来的是一艘"无人驾驶"的船，那么两船相撞时人们又会有何反应呢？人们的情绪体验可能有很大的不同。

在现实生活和工作中有很多类似的情况出现，当人们看问题的视角或对信息的掌握不同时，人们的感受及采取的行动会不同。从美国心理学家阿尔伯特·艾利斯创立的"合理情绪疗法"中，可以知道："引起人们情绪困扰的并不是外界发生的事件，而是人们对事件的态度、看法、评价等认知内容，因此要改变情绪困扰不是致力于改变外界事件，而是应该改变认知，通过改变认知，进而改变情绪。"艾利斯认为外界事件为A，人们的认知为B，情绪和行为反应为C，因此其核心理论又称为ABC理论。就如在上面所举的木船相撞的例子中，人们对事物的看法与假设影响着人们的感受与行为。

在组织管理中道理同样如此。从组织发展及管理理念的发展中，可以清晰地看到如对人的基本假设不同，则相应的管理方式也会有不同。在管理的哲学中，对人性的假设有着两种截然不同的观点。

美国著名的行为科学家道格拉斯·麦格雷戈把经理对员工的两种截然不同的看法称为X理论和Y理论（X-Y理论）。X-Y理论主要是对人性的根本性理解。一个是性本恶——X理论，另一个是性本善——Y

理论。对X理论和Y理论的概括，是道格拉斯·麦格雷戈在学术上最重要的贡献，他非常明确和尖锐地指出，每个管理决策和措施的背后，都有一种人性假设，这些假设影响乃至决定着管理决策和措施的制及效果。

说到X理论和Y理论，就必不可少地要谈及超Y理论。超Y理论是1970年由美国管理心理学家约翰·莫尔斯和杰伊·洛希根据复杂人的假定，提出的一种新的管理理论。超Y理论的主要观点是：人们带着许多不同的需要和动机加入组织，但最主要的是实现其胜任感；由于人们的胜任感有不同的满足方法，所以对管理要求也有所不同，有人适用X理论的管理方式，有人适用Y理论的管理方式；组织的管理结构、管理层次、员工的发展与培训、工作的分配与授权、工资报酬水平等都要随着工作目标、工作性质及人员素质等因素而定，才能提高绩效；一个目标达成时，就会产生新的更高的目标，然后进行新的组合，以提高工作效率。

我们在为组织提供专业服务时，对于人的认识与基本假设更偏向于超Y理论的观点。同时，我们认为每个人都富有五种能力，即自觉力、思考力、激发力、合作力和执行力，并且我们认为人们是可以自我负责的，是足智多谋的，具有无限潜能，可以整合和创造资源，是可以改变的。

在5E领导力训练体系中，我们对人有五种哲学认知。

（1）每个人都是可以自我负责的；

（2）每个人都是足智多谋的；

（3）每个人都具有无限潜能；

（4）每个人都可以整合和创造资源；

（5）每个人都是可以改变的。

每个人都是可以自我负责的——自觉力

人类的进化就是一个不断探索自我、发展自我、成就自我的自我负责的演化过程。"毋代马走，使尽其力；毋代鸟飞，使弊其羽翼……"这是《管子·心术上》中所记载的。"不代替马儿去行走，让马儿自己奋力前奔；不代替鸟儿去飞翔，让鸟儿自己振翅高飞……"这应该是中国古人关于创造环境支持人们自我负责并成长的最贴切的论述了。

每个人的人生都是一个又一个选择的集合。没有谁可以比你自己更擅于做你自己，没有谁可以替别人过他的人生。当人们对自己的愿景、使命、价值观、天赋与优势有更多了解时，成长的力量就被释放了。在成长与发展的规律中每个人都可以选择如何度过一生。一个组织、一个国家、一个民族也是如此，都可以选择成为一个什么样的组织、一个什么样的国家、一个什么样的民族。

基于以上这样的思考，我们认为每个组织都有其独特的愿景、使命和价值观。就如阿里巴巴在"让天下没有难做的生意"的使命驱动下，在客户第一、团队合作、诚信、拥抱变化、激情与敬业的价值观引领下创造着互联网行业的一个又一个奇迹。清晰组织的愿景、使命、价值观，以及核心竞争优势等，能够支持组织在持续的发展中保持自驱力，在成就组织的过程中贡献客户与社会。如果帮助领导者及员工清晰自己的愿景、使命、价值观，以及天赋、优势并能够和组织找到结合点，则领导者和员工不仅更能够充满激情地投入工作，也能够为组织的愿景实现而努力奋斗。

每个人都是足智多谋的——思考力

我们相信每个人都是足智多谋的，并且具有创造性地解决问题的能力。如今的世界正是人类创造性地解决问题的成果。

回顾一下你是如何克服种种挑战，应对各种考试，学会做饭、骑车或开车，解决工作中的一个又一个难题的。每个人都是发明创造和解决问题的专家，因为没有任何一个人比你自己更了解自己当时的真实情况与感受，即使你听了他人的建议采取了行动，那也是经过自己的大脑加工处理后的结果。

一个组织的产生、发展，以及不断为客户创造价值、不断成长的过程就是一个不断创造和基于愿景目标创造性地解决问题的过程。我们相信组织和领导者拥有战略思维、创新思维，以及能够从根本上解决问题的能力，我们需要做的就是不断将这样的能力培养并充分发挥出来。当我们支持组织与领导者能够系统性和战略性地思考，成为目标的主人，而不是将目标强加给自己和员工，真正地激发并鼓舞领导者和员工制定有挑战性的目标时，领导者和员工便会更多地呈现出他们内在的主动性与创造性。

每个人都具有无限潜能——激发力

世界万事万物的诞生都有其因缘。我们相信每个人都是带着独特的使命来到这个世界的，并且拥有实现其使命的资源与能力，就像鸟儿拥有飞翔的能力，鱼儿拥有在水中畅游的能力，花儿拥有绽放的能力，老虎拥有奔跑的能力一样。通常人们所说的"天生我材必有用"也是指每个人都有其独特的天赋与存在的价值。只是很多时候人们在实现使命中迷失，认知的局限限制了人们的天赋与潜能的发挥。

　　潜能的发挥建立在人们相信潜能存在的基础上。人们对他人能力的信任度直接对其表现产生影响，这不仅在现实中，也在很多实验中都有验证。如在一个教育领域的实验中，有两组学生，老师们被错误地告知一组普通的学生是奖学金的候选人，另一组则被告知是学习困难者。在一段时间内，老师们给两组学生教授一套课程。随后的学术测试表明，这些学生的成绩无不体现出与他们在老师心中的印象相符的结果。在现实的管理中，相信一定也有这样的发现，员工的表现与领导者对其潜力的信任度有关。无论怎样，人们的态度都会在不经意间流露出来，也会在不经意间影响员工的自我认识及感受，影响他们的自信心建立及能力的发挥。

　　基于以上这样的思考，我们在组织赋能中相信每个人都蕴含着巨大的潜能，并且从潜能的角度看领导者及员工的无限可能性，而不是被禁锢在对领导者和员工过去的绩效表现认知的围墙中。当人们真正地相信自己与身边人的潜能，创建激发的文化氛围，发挥人们的优势，进行积极和有效的反馈，鼓舞人们勇敢尝试并能够从成功、失败或错误当中学习并成长时，很多出色的表现就会展现在人们眼前。

每个人都可以整合和创造资源——合作力

　　"一个人可以走得更快，一群人可以走得更远"。合作力是个体和组织本身就具备的能力，只是在不同的发展时期，合作力强度的要求不同致使合作力呈现的强弱不同。人从一出生就开始了与他人合作的工作，如和爸爸、妈妈的合作，和身边与他互动的人的合作，和小朋友的合作，和同学的合作，和老师的合作，和领导的合作，和客户的合作，和环境的合作等。合作可以说无处不在。在人们成长的过程中，无论是自身成长的需求还是外部环境的要求，人们都在与他人、环境互动，并在这些互动中获取成长的资源，朝向目标，解决一个又一个难题，创造价值与成果。

随着社会的进步与科学技术的发展，以及全球经济一体化，互联、共享、合作、协同、共赢更是成为个人与组织发展，不断取得成功的核心关键因素。尤其在高速变化、竞争加剧、客户需求更加个性化的今天，对推倒部门墙、组织各部门之间的高效合作、以客户为中心、齐心协力、创造协同价值的要求越来越突显。

赋能组织需要激发组织的合作力。组织要在共同的愿景与使命的引领下树立大局观及强化合作意识；释放团队中每个人的优势，进行最佳的优势互补；能够本着共进、共赢、共生的原则主动贡献、换位思考、有效沟通，充分激发团队的创造力以在绩效方面创造更大的可能性。

每个人都是可以改变的——执行力

知行合一是一个持续行动的过程。很赞同王阳明先生的观点："知者行之始，行者知之成。"知与行是事物的一体两面。只有想法没有做法只能成为空想，只有目标没有执行只能退步不能前进。我们相信改变是不变的，每个人都在改变。在21世纪的今天更是让人们感受到对改变的需求愈加强烈，学习、成长、进化，以及快速的迭代几乎成为常态。

哈佛大学心理学家、著名的情商大师丹尼尔·戈尔曼在他的畅销书《情商：为什么情商比智商更重要》中指出，一个人的改变有93%取决于自我觉察，而仅仅有7%是其他外在的因素。因此，一个人无法强迫另一个人改变，只有当一个人想要去改变时改变才会发生。针对组织的发展与变革同样如此。

赋能的领导者关注引发自我觉察，探索自我发展的渴求及内心真正想要的，清晰自己的角色定位与认知，分析现状及所面临的内、外部挑战，坚定目标，减除行动的干扰，不断建立自信，更有勇气面对变化采取有效的行动。在面对员工时，赋能的领导者关注团队成员觉察自己的潜力，看清自己的目标与前进的障碍，有勇气挑战不可能，在行动中获得成功与自信。

2.2 5E领导力的领导状态与核心能力

5E领导力的五种领导状态

1975年，美国网球教练蒂莫西·高威宣称自己找到了一个不用"教"就可以让任何人在20分钟内学会打网球的办法，在当时引起了很多人的质疑。美国ABC电视台以"质疑者"的身份组织了一次现场实验。他们给蒂莫西·高威出了一道难题：组织20个从来没有打过网球的人，要求蒂莫西·高威在20分钟内教会他们打网球，并现场计时。其中有一位叫莫莉的女士，当天穿了一条长裙，已经有多年不运动的她体重170磅（1磅约为0.45千克），笨重的身体连行动都不方便。结果，她成了第一个被教练的对象。所有的人都幸灾乐祸地看着蒂莫西·高威。

蒂莫西·高威站在莫莉面前，告诉她不要去担心姿势和步伐的对错，告诉她打网球其实很简单。当球飞过来时，就用球拍去接。接中了就说"击中了"（Hit）；如果球落到了地上，就说"弹回"（Bounce）。在练习的过程中，蒂莫西·高威告诉莫莉，留意球飞来的弧线，留意聆听球的声音，把注意力集中在球上。慢慢地，莫莉击中球的次数多了，弹回的次数少了。

在最后三分钟的时间里，蒂莫西·高威开始教莫莉网球中最难的部分——发球。蒂莫西·高威对她说，想想你是怎么跳舞的，哼着音乐也可以。闭上眼睛，想象跳舞的样子。然后睁开眼睛，随着这种节奏发球就可以了！奇迹出现了——所有的电视观众看到了，在最后一分钟里，穿着窄裙的莫莉在场上跑来跑去，虽然很不方便，但可以很自如地打网球了！

这样的结果出乎所有人的意料。在采访中，记者询问蒂莫西·高威秘诀是什么？蒂莫西·高威说："我并没有教她打网球的技巧，我只是帮助她克服了自己不会打球的固有意识，只是帮她将注意力集中在网球上，她的心态经历了'不会'到'会'的转变，就是这么简单。"蒂莫西·高威经过多年的教学与实践后提出"内心游戏"的概念。"内心"是指选手的内心状态。蒂莫西·高威认为，对于选手来说，"真正的对手不是比赛中的对手，而是自己头脑中的对手"。也就是说，是否能够赢得比赛，选手内心的状态是核心关键。后来高威把这个发现延伸到商业领域，帮助组织和经理人通过激发和教练辅导的方式提高员工学习与工作效率，并提升有力推动员工绩效的创造力。在5E领导力训练体系中，我们运用了很多教练辅导的方法与工具，帮助人们提升自觉力、思考力、激发力、合作力和执行力，从而更有效地赋能组织，激发团队的绩效潜力释放。

一个人的内在状态决定着一个人的外在表现。5E赋能组织和赋能领导者呈现出五种能量状态：尊重、有好奇心、有勇气、有不同视角、会创建空间。当呈现出以上五种能量状态时，领导者或员工可以更好地发挥能力，更能够投入当下，主动探索未知，清晰目标并有效决策，发现并运用资源，擅于合作，聚焦重要事项并坚定地采取行动。

1. 尊 重

对人的尊重贯穿于著名管理大师彼得·德鲁克大半生的言论中。德鲁克曾在《哈佛商业评论》发表了一篇题为《他们不是雇员，他们是人》的文章，文章中指出："对于任何组织而言，伟大的关键在于寻找人的潜能并花时间开发潜能。"如果失去了对人的尊重，这里的"开发潜能"很可能被理解成仅仅为了组织的绩效而把人视为使用的工具。

在《孟子·离娄章句下》中也写道："君子所以异于人者，以其存心也。君子以仁存心，以礼存心。仁者爱人，有礼者敬人。爱人者，人恒爱之；敬人者，人恒敬之。"孟子认为："君子与一般人不同的地方在于，他内心所怀的念头不同。君子内心所怀的念头是仁，是礼。仁爱的人爱别人，礼让的人尊敬别人。爱别人的人，别人也会爱他；尊敬别人的人，别人也会尊敬他。"尊敬与尊重他人不仅是一种美德，更是一种卓越的状态。尊重是建立关系的基础。当人们感受到被尊重、被认可、被接纳时，真实互动才开始产生。可以说没有尊重就没有坦诚的交流与信任的关系。当员工被尊重时，员工也会更愿意尊重领导者，更愿意坦诚表达自己的观点，积极主动地采取行动。

那么，在组织中尊重每个人的独特性，尊重他们的需求、渴望、思维、做法，尊重每个人具有不同的优势、劣势等，才可能真正把人的潜能释放出来，才能够更好地协作，以实现共进、共赢、共生。

尊重不仅是美德，
更是一种卓越的状态

2. 有好奇心

从心理学的角度来说，好奇心是个体遇到新奇事物或处在新的外界条件下所产生的一种注意、提问等的心理倾向。好奇心是个体学习的内在动机之一，拥有寻求知识的动力，是创造性人才的重要特征。

从小人们都听说过"十万个为什么"，而"十万个为什么"背后蕴含着人们的好奇心与科学探索的成果。很多的科学成果与发明创造都与好奇心密切相关。牛顿对一个落下的苹果产生好奇，于是发现了万有引力；瓦特对烧水壶上冒出的蒸汽十分好奇，最后改良了蒸汽机；爱因斯坦从小性格比较孤僻但有很强的好奇心，他对光电效应的主张推动了量子力学的诞生；爱迪生小时候看母鸡孵鸡蛋，自己也尝试孵了一天，这也是好奇心与探索精神的外在表现。

在剑桥大学，英国著名哲学家G.E.摩尔有一位学生叫路德维希·维特根斯坦。有一天，伯特兰·罗素问摩尔："谁是你最好的学生？"摩尔毫不犹豫地说："维特根斯坦。""为什么？""因为，在我的所有学生中，只有他一个人在听我的课时，老是露着迷茫的神色，老是有一大堆问题。"罗素也是一位大哲学家，后来维特根斯坦的名气超过了他。有人问："罗素为什么落伍了？"维特根斯坦说："因为他没有问题了。"

相传唐代伟大的诗人李白，小时候很贪玩，从不认真读书，经常把书本一抛就出去玩耍了。有一次，他看到一位老婆婆在磨一根铁棒，这引起了他的好奇心。他走到那位老婆婆面前询问后才知道，老婆婆是想把铁棒磨成绣花针。李白深受感动，从此开始用功读书，最后成为一名伟大的诗人，被后人誉为"诗仙"。他的成功在于他对生活充满了好奇，好奇心带领他走上了成功的道路。

还有很多管理学方面的思想与工具的诞生都与创作者的好奇心与科学探索的精神息息相关。相信大家也有充满好奇心的时候，好奇心给你又带来哪些影响呢？

在组织发展中，领导者保持的好奇心是对人和对事的好奇。领导者带着好奇心去工作会发生什么呢？你会更深刻地感受存在即合理，去探究更多的可能性。你不会纠结于员工为什么犯错，而是通过员工的错误看到背后的成长机会；你不会因为前进受阻而沮丧，而是将障碍与挑战转化成前进的礼物；你不会再对未知担心、恐惧，而是带着好奇去迎接新的可能；你不会因为员工的绩效未能达成而焦急，而是陪伴员工去探索可能的影响因素并一起共创新的解决方案。

3. 有勇气

中学毕业后，因为经济形势不好，家庭遇到了困难，他留在农场一干就是十几年。本以为将会这样平平淡淡地过一辈子，结果，在他33岁的时候，发生了第一次世界大战，他应征入伍了。

有一次，在战场上，德国人的炮弹落在他们附近，士兵们惊慌失措，到处逃窜，担心被毒气伤害。慌乱中，士兵纷纷被摔下马，他也不例外，他的战马惊慌中差点把他压碎。慌乱中，他爬了起来，凭着心中的一股信念，稳稳地站在那里，他开始用最难听的脏话骂人，用各种方法激发士兵的斗志，让他们回到战场，让大家重拾信心和勇气，那一刻，他的领导力被唤醒了。他不仅自己从巨大的恐惧中站了出来，也成为队伍的信念和精神支柱，带领大家重新组队，奋起抗战，最终赢得了胜利，安全地回到美国的家中。自此他带领这些人经历了很多大大小小的战役，这些士兵余生都忠诚于他并信任他，而他也依靠自己心中的这份勇气和信念，证明了自己。而在此之前，从来都没有人相信他是一个领导者或把他看作一个领导者。他就是20世纪唯一没有上过大学的美国第33位总统杜鲁门[1]。在担任总统时他还被评为美国最受爱戴的总统第五名，是美国人学习的榜样。

在这个故事中，杜鲁门的各方面条件都很一般，甚至有一些平凡。30多岁还是一个农场的工人，接近40岁时才找到他真正的工作，看起来一事无成，也不是当领导的料。但是他始终没有放弃，当面对新的选择和困难时，他一直坚信自己，面对挑战充满勇气，并时刻准备超越自己，最终，命运眷顾有准备的人，他成为美国最出色的总统之一。

再把目光放到中国古代，据说有一次孔子的弟子司马牛去请教孔子如何去做一个君子，孔子回答说："君子不忧愁，不恐惧。"司马牛不大明白，接着又问："不忧愁不恐惧，这样就可以称作君子了吗？"孔子的回答是："内省不疚，夫何忧何惧？"也就是说，如果自己问心无愧，那有什么可以忧愁和恐惧的呢？当然，君子坦荡荡，不仅是一个行为端正的问题，同时也来自人的内在品德。

古人认为，君子有三种基本品德——仁爱、智慧和勇敢。孔子在《论语·子罕》中也讲道："仁者不忧，智者不惑，勇者不惧。"就是说人如果有着一颗博爱之心，有着高远的人生智慧，有着勇敢坚强

---

1 杜鲁门的故事根据相关人物传记等资料编辑而成，内容正确。

的意志，那么他就必然会具有良好的心理和精神状态，从而心底宽广、胸怀坦荡。

在《孙子兵法》中也给出择贤臣的标准："智、信、仁、勇、严。"孙子认为，将者，勇武非常重要，狭路相逢勇者胜，将勇则兵强，勇能生势，所谓兵之势也。

作为一位赋能的领导者，有勇气非常重要。在工作中坚定并挑战高目标，积极面对竞争，不畏惧任何困难，能够坚持到底不放弃，同时不断突破和超越自我，相信并创造奇迹便是有勇气的最佳呈现。

坚定并于挑战高目标、不断突破和超越自己

4. 有不同视角

这里所说的"视角"重点是指从不同的角度看待人、事、物。视角不同，看法不同；看法不同，感受不同；感受不同，行为不同；行为不同，结果不同。人们经常听到的"退一步海阔天空"便是对视角的一个有效诠释。换一个角度，发现不一样的世界。

一个人请一位盲人朋友吃饭，他们一直吃到很晚。后来，这位盲人朋友说："很晚了，我要回去了。"主人应答并起身给他点了一个灯笼，这位盲人朋友却很生气地说："我本来就看不见，你还给我点一个灯笼，你这不是嘲笑我吗？"

主人说："因为我在乎你，我才给你点了这个灯笼啊。你看不见，别人看得见，这样你走在黑夜里就不怕别人撞到你了。"此时，这位盲人朋友有些惭愧误解了朋友的好意，于是道了谢，便拿着灯笼高高兴兴地走了。

在以上这个故事中你是不是也能够感受到，对于每件事情，如果从不同的角度去看，就会有不同的见解。见解不同，结果自然也会不一样。

再请大家看一下图2-3。在图2-3中你看到的是6，还是9呢？6和9这两个答案都对，因为人们所在的位置不同。位置不同，看法就截然不同，得到的结果也截然不同！

图2-3 6还是9呢

在组织中可能经常会看到大家有着不同的观点，甚至为了坚持自己是对的而争得面红耳赤，最终导致合作力与执行力下降；或者在遇到困难与挑战时被过往的知识和经验所限制，在"我也没有办法，我尽力了"的思想中打转，而不是换一个视角探究或尝试更多的可能性；又或者在与人交流或团队协作时不能换位思考，不理解他人的想法与做法，让自己陷入无谓的"不可理解""无人理解"的孤独与烦恼中。当处在"有不同视角"的状态时，人们便可以跳出当下的思维局限、摆脱情绪的困扰、理性地观察所有的事情，看到更多新的可能性，朝着目标采取更为有效的解决方案，可以更自信、更轻松地带着觉察继续前进。

5. 会创建空间

空间就如一个场域，无论你是否说话或做事，你的存在就已经创建了一个空间，这个空间会带给人们相应的影响力。也许人们都会有这样的体验，当你和某人在一起时，这个人没有说话，但是你也能够感受到他的状态是尊重的、接纳的、信任的，还是不尊重的、不接纳的、不信任的，这种感受直接影响着人们与该人的互动。同时，是否给对方创建一个自我反思、自我觉察与探索的空间也是支持与激发他人内省并做出改变的关键。

陶行知是我国著名的教育家和思想家。有一天他发现一个男生正想用泥块砸自己的同学，他当即上前制止并让这位砸人的学生放学后到校长室去一趟。

放学后，陶行知来到校长室，男生早已等着挨训了。可是陶行知笑着掏出一颗糖果送给他，说："这是奖给你的，因为你按时来到这里，而我却迟到了。"男生接过糖果。

随后陶行知高兴地又掏出第二颗糖果放到他的手里，说："这是奖励你的，因为我不让你打人时，你立即住手了，这说明你很尊重我，我应该奖你。"男生惊讶地看着陶行知。

这时陶行知又掏出第三颗糖果塞到男生手里，说："我调查过了，你用泥块砸那些男生，是因为他们欺负女生；你砸他们说明你很正直善良，且有跟不良行为做斗争的勇气，应该奖励你啊！"男生感动极了，他流着眼泪后悔地和陶行知说道："陶校长，我错了，我砸的不是坏人，而是同学……"

陶行知满意地笑了,他随即掏出第四颗糖果递过来,说:"为你正确地认识自己的错误,我再奖给你一颗糖果,我没有多余的糖果了,我们的谈话也可以结束了。"

在以上这则故事中,人们感受到了陶行知校长创建了一个安全、信任与尊重的空间,通过心平气和的对话,从正向的角度看到孩子错误背后卓越的方面,从而引发了孩子的自我反思,令其愿意在未来做出改变。试想,如果当时陶校长换一种方式,用训斥、苛责、批评、要求等方式和孩子互动,孩子的感受会是什么呢?害怕、担心……相应的行为会有所不同,报怨、不服气、找借口……创建不同的对话空间,带来不同的互动感受,产生不同的结果。

在组织中,创建一个安全的、接纳的、信任的空间就如空气之于人,文化之于团队。当员工感受到安全、被尊重、被信任、被关怀、被认可、被激发时,员工的自觉力与创造力就会被大大地释放出来。

5E领导力的五大核心能力

我们经过多年的实践研究认为：一位能够激发团队，带领组织不断变革与发展的赋能领导者应该具备五种核心能力，即自觉力、思考力、激发力、合作力和执行力。

著名领导力大师拉姆·查兰在《高管路径：轮岗培训领导人才》中指出，并非每个人都能成为领导者，领导力是通过不断地实践和自我修炼培养出来的。首席执行官和高级管理人员岗位要求他们在学习方面有巨大的飞跃。他认为21世纪领导者的主要能力特征有：高成就动机与自我激励；崇尚团队协作与激励他人；擅于识别机会与风险；具备见微知著的战略洞察力；勇于创新与变革；擅长识人、用人、育人；擅于学习与不断进取；乐于接受新的挑战与坚韧不拔；能够有效协调各利益相关者。这和我们提到的五大核心能力有着非常大的共同之处。

1. 自觉力

自觉力即自我认知、自我驱动、自我刷新的能力。

- 自我认知。能够主动探索自我，保持对自己的好奇，进行觉察与理解；相信自己有无限的可能性，同时也接纳自己的局限与不足；清晰自己的愿景、使命、价值观及个性特点，清晰自己的工作角色与胜任力并不断探索。

- 自我驱动。不断开发自己的潜能，向内在探索动力；专注目标，全力投入，持续保持自动自发的状态；不找借口，直面挑战，坚持行动。

- 自我刷新。能够持续学习，探索未知；敢于否定自己，主动迎接改变；不执着于自己过去的知识与经验的积累，勇于自我更新与迭代。

2. 思考力

思考力即具有战略与创新思维并能够从根本上解决问题的能力。

- 战略思维。视野广阔，能够全面系统思考，具有逻辑性；志向远大，面向未来；做事以终为始，谋定而后动。

- 创新思维。能够突破常规思维局限，运用独特视角看问题；站在时代的潮头，把握时机，追求卓越；能够大胆尝试，提出与众不同的解决方案，不断创造新颖的、独到的行动成果。

- 问题解决。能够及时发现问题并积极探求问题本质，觉察问题背后的根本原因；面对问题不回避、不逃避，知难而上；不犯重复性错误，积极探询最佳解决方案。

3. 激发力

激发力即文化塑造、激发卓越和赋能团队的能力。

- 文化塑造。意识到环境对人的影响，并以身作则，持续传播正能量；保持正直、诚信、乐观、实事求是的态度；努力营造自主、创新、激发、信任与执行的文化。

- 激发卓越。擅于发现自己与团队成员的优势与卓越性；相信每个人有独特性且资源具足；能够运用有效方法激发团队潜能，创造卓越表现。

- 赋能团队。关注团队优势，用愿景与价值观引领团队；相信团队的创造力；能够鼓舞团队朝着目标坚定不移地采取持续有效的行动。

4. 合作力

合作力即能够优势互补、换位思考、共进共赢的能力。

- 优势互补。突破资源匮乏的思维局限，看到资源的丰富性；主动开发与运用资源；不单打独斗，擅于发现并运用他人优势，通过优势互补有效协同。

- 换位思考。在着眼共同利益的前提下，首先站在对方的角度思考问题；尊重并同理他人；努力探索更多可能性，最终达成共识，促进合作。

- 共进共赢。从生态系统看发展与合作关系，关注共同利益；主动利他，为共同目标贡献价值；能够真诚对待内外合作关系，取长补短，合作共赢。

5. 执行力

执行力即对成果负责、一次把事情做对和反馈复盘不断优化的能力。

- 对成果负责。能够以成果为导向，不仅关注过程，更关注成果的达成；在执行过程中，始终坚定不移地朝向目标，对成果负责；不拿到成果决不罢休。

- 一次把事情做对。既要做正确的事情又要正确地做事；保证符合标准、要求与规律，追求尽善尽美；通过刻意的专业训练，保证执行过程中的高效与零差错。

- 反馈复盘。能够给予及时有效的反馈；擅于总结与反思，不断聚焦高回报事项；不断优化和完善相关机制和流程，确保策略有效，品质卓越。

2.3　5E领导力的修炼策略与方法

5E领导力的修炼策略与方法（5E领导力的落地训练体系）旨在通过对企业领导者的脑、心、身一致性的训练，从而激发组织整体领导力及团队的战斗力，并且通过组织软实力的打造，更有效地挖掘组织潜能，推动组织的持续发展。

5E领导力的修炼策略与方法可以从以下五个方面展开。

（1）基于组织的愿景与战略目标清晰训练目标，聚集不同时期的关键需求，设计训练方案。

（2）成立联合项目工作组，针对训练对象进行前期的基础测评。

（3）进行方案的实施。

1）集中训练。

①每一到两个月集中训练两天。

②内容可根据不同的组织情况设计展开。

2）形成SEA［支持（Support）、鼓励（Encourage）、问责（Accountability）］小组并对集中训练后的实践作业进行跟踪督导。

①形成一对一SEA搭档。

②形成6人SEA小组。

③集中训练所学关键内容，结合实际工作展开实践。

④实践案例分享。

3）选择一对一的被教练对象并进行教练辅导。

①结合整体培养目标制定一对一教练目标。

②结合整体培养目标进行被教练对象选择。

③测试被教练对象。

④进行一对一教练辅导。

⑤进行一对一教练成果评估并制订进一步成长计划。

4）团队共修。

（4）实施过程中的跟踪与督导。

1）联合项目组按计划针对实践作业进行跟踪。

2）对实践工作展开督导。

（5）对实施目标实现度进行复盘并共启进一步训练规划。

1）针对实践成果进行阶段性复盘。

2）共启进一步训练规划。

以上为基础策略，在实际的管理实践过程中需要结合训练目标与实际情况创新应用。在后面的章节中会针对5E领导力训练体系进行系统介绍。

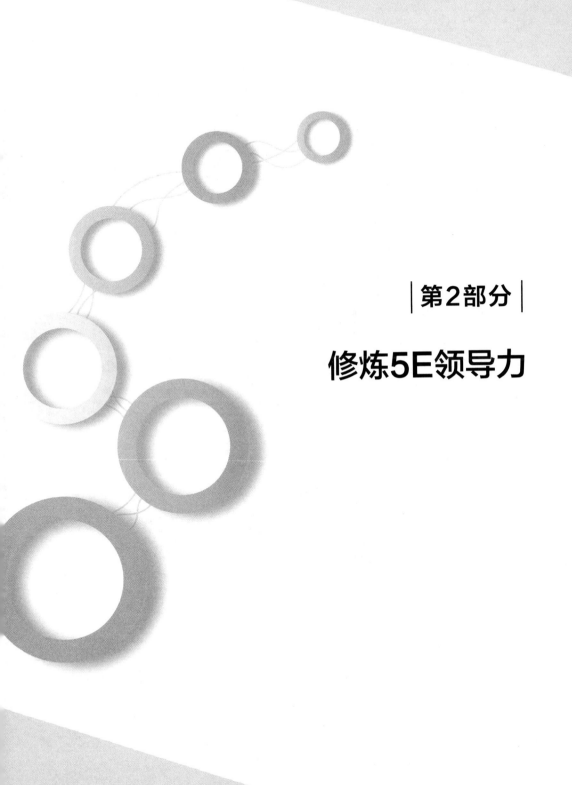

| 第2部分 |

修炼5E领导力

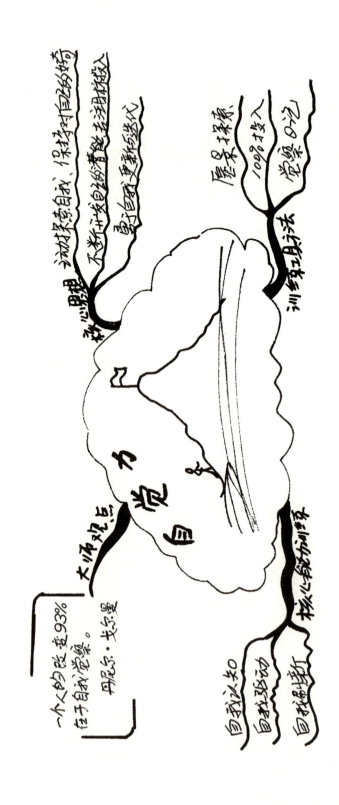

第3章

自觉力实践修炼

3.1　自觉力的重要性

> 人因自我要求而成长，对自己有高度的自我要求的人，以及对自己有高标准要求的人，就会成为不一样的人。一个不想要求自己的人是没有办法提高的。
>
> ——彼得·德鲁克

自觉力是指自我认知、自我驱动、自我刷新的能力。

著名的管理学大师彼得·德鲁克在《德鲁克谈自我管理》一书中指出，人因自我要求而成长，对自己有高度的自我要求的人，以及对自己有高标准要求的人，就会成为不一样的人。一个不想要求自己的人是没有办法提高的。德鲁克还认为，在21世纪，人类最大的革命不是太空科技、互联网、医学发现、科技研发、生物发展革命，这些都很重要，但都不是伟大的革命，最伟大的革命是自我管理革命。正因为有这样的认知，德鲁克一生都在认知自己，并且在成为自己的道路上不断探索与实践着。德鲁克经历了第一次世界大战和第二次世界大战，他从事过的职业包括记者、金融分析师、作家、咨询顾问和大学教授等。在德鲁克的观点中，有一个很重要的观点是："每个人都应该成为自己的CEO。"德鲁克认为，自我管理是一个人的生命当中最重要的事情之一。

情商大师丹尼尔·戈尔曼在他的《情商：为什么情商比智商更重要》一书中指出："一个人的改变93%在于自我觉察。"一个人的自我觉察能力（自觉力）被充分发挥时，改变便得以真正地发生，而且一个人的潜力才有可能由内而外地被有效释放出来。组织的发展也是如此，一个组织越能够清晰自己的愿景、使命、价值观、定位、优势等，越能够在竞争当中取胜并能够激发组织发展的内在动力。如果组织能够帮助每位组织成员清晰自己的定位、愿景、使命、价值观、优势，以及与组织的关系和未来的成长空间等，组织成员的绩效创造力也会大大提升。

《道德经》中曾指出："知人者智，自知者明。胜人者有力，自胜者强。"老子认为，能了解他人的人聪明，能了解自己的人有智慧；能战胜别人的人有力量，能战胜自己的人更加强大且不可战胜。

对每个人而言，最重要的议题不是科技、环保、经济议题，而是人的自我管理议题。人变了，世界就变了。自我管理可以改变世界，让世界变得更加美好。自我管理使得人类不断地自我更新、自我蜕变，并且不断进化。自我管理是人类进步的原动力。自我认知、自我驱动、自我刷新的能力就是自我管理的能力。当一个人的自我管理意识被唤醒，自觉力被不断开发与培养时，一个人的潜力与自我进化的力量便被激活了。

3.2　我是一切的源泉——自觉力的三大修炼

【自我认知：能够主动探索自我，保持对自己的好奇，觉察与理解自我；相信自己有无限的可能性，接纳自己的局限与不足；清晰自己的愿景、使命、价值观及个性特点，清晰自己的工作角色与胜任力并不断探索。】

自我认知——打开心灵的地图

> 大学之道，在明明德，在亲民，在止于至善。知止而后有定，定而后能静，静而后能安，安而后能虑，虑而后能得。物有本末，事有终始，知所先后，则近道矣。
>
> ——《大学》

我是谁？

我是一个怎样的人？

我喜欢做什么？

我擅长做什么？

……

无论是一个人还是一个组织都需要探索并回答以上这样的问题。《大学》中所谈及的定、静、安、虑、得向人们呈现出了解自己的最终归宿，即自己要去哪里的几大步骤。如果了解了自己想成为什么样的人、生命中什么是对自己最重要的，以及自己的原则与价值是什么，便能够静下心来而不被外界所干扰，也才能更周全地考虑，从而把握时机与规律，做出最佳的选择，更好地达到自己的目标。

马云在创业早期之所以能够凝聚很多优秀的人才，一方面是因为他有个人魅力，而另一重要方面是因为马云向创业团队及员工展现出了一个令人备受鼓舞的愿景与使命。

1999年2月21日，筹建中的阿里巴巴召开了第一次员工大会。这是阿里巴巴第一个具有历史意义的会议，马云发表了三小时的激情演讲，并提出了阿里巴巴的三点愿景：第一，做持续发展80年的公司（以一个人较为理想的寿命为参照，后来改为102年，原因在于，从1999年算起，到2101年将横跨三个世纪）；第二，要成为全球十大网站之一；第三，只要是商人，一定要用阿里巴巴。马云带领阿里巴巴人在这样的愿景引领下努力奋斗，创造了一个又一个的商业奇迹。随着公司的发展，阿里巴巴的愿景聚焦为："我们旨在构建未来的商务生态系统。我们的愿景是让客户相会、工作和生活在阿里巴巴，并持续发展最少102年。"相信阿里巴巴人带着这份清晰的愿景，一定会创造更大的可能性。

微软公司总裁鲍尔默在2017年新加坡"杰出资讯通信业人士演讲会"上宣布的微软的新愿景是"让全球的人们及企业充分发挥潜能"。在萨提亚·纳德拉成为微软的CEO后，为微软的愿景融入了新的元素："我们的战略愿景是为智能云端（Intelligent Cloud）与融入AI 的智能边缘（Intelligent Edge）打造一流的平台和生产力服务，借此提升竞争力并成长发展。"微软近几年的持续高速发展离不开其愿景、使命、价值观的影响。无论是从组织视角还是从个人视角，清晰想要成为什么样的组织及成为什么样的人都很重要。当人们能够清晰地认知自我时，才有可能成为想成为的组织或个人，也才可以完成组织及个人的使命。

每个人都是带着独特的使命来到世界上的，每个组织也是带着独特的使命而诞生的。当找到这个独特的使命时，也便找到了与使命相伴的帮助人们完成使命的天赋，就像鸟儿找到了飞翔的能力，鱼儿找到了在水中畅游的能力一样。

认识自己、发展自己、成为自己是人这一辈子都要做的事情，也是组织发展的一个长久话题。认识自己包括很多方面，以下介绍的是对一个人及一个组织来说最重要的，也是最根本的三个方面：愿景、使命、价值观。

德鲁克认为："使命是一切的根本，愿景把使命转变为真正富有意义的预期结果，价值观是指以什么样的方式和行动去实现真正富有意义的预期结果。"愿景、使命、价值观这三个方面构成心灵地图，这个地图既是相对稳定的又是动态的，每次优化都会更接近其本质。

这个心灵地图既能够帮助人们坚定根基、保持初心，又能够帮助人们找到正确的方向及相应的策略，从而采取有效的行动。

20世纪80年代，非洲、拉美第三世界的国家有上百万人感染了河盲症，这种疾病的成因是大量的寄生虫在人体组织里游动，最后移到眼睛，造成失明。百万人是规模相当大的群体，只是这些人都很贫穷，买不起昂贵的药品。虽然默克公司知道，推动研制针对河盲症的药品的"美迪善"计划不可能有什么投资回报，却仍然推动这项计划，并且希望药品通过检验后，某些政府机构或第三方会购买这种药品，分发给病人。但没有机构愿意购买，于是默克公司决定免费赠送药品给需要的人，并且自行负担费用，直接参与分发工作，以确保药品确实送到受这种疾病威胁的上百万人手中。他们的善举使1 800万人避免失明，美国卡特总统高度赞扬他们说："默克证明企业界确实可以帮助人类解除痛苦。"

默克公司为什么推动这项名为"美迪善"的计划呢？时任默克公司CEO的魏吉罗指出，若不推动生产这种药品，则会瓦解默克公司旗下科学家的士气——因为默克公司明确提出自己从事的是"保存和改善生命"的事业。因为"美迪善"计划，默克公司成功地吸引和留住了优秀的研究人员。当时的魏吉罗说："我15年前第一次到日本时，日本的企业界人士告诉我，默克公司在第二次世界大战之后把链霉素引进日本，消灭了侵蚀日本社会的肺结核。我们的确做了这件事，而且没赚一分钱，但是，今天默克公司在日本是最大的美国制药公司，这一点儿也不意外。这种行为的长期影响并不总是很清楚的，但我认为它多少是有回报的。"

默克公司在创建以后的大部分时间里，都很好地化解了崇高的理想和实际利益之间的矛盾。乔治·默克二世在1950年解释了这个矛盾："我希望本公司同人牢记，药是为了救人的，而不是为了赚钱的。但利润会随之而来。如果我们记住这一点，就绝对不会没有利润。我们记得越清楚，利润就越大。"

从默克公司"美迪善"计划的案例中，可以看到对一个组织的发展来说，利润固然至关重要，但更为重要的是这个组织对使命的定位，对愿景的坚守及对价值观的践行。一个人或一个组织清晰地认识自己是成为自己的根基。

以下就愿景、使命、价值观的探索分享一些方法。

1. 愿景探索

愿景就像人们生命中的灯塔一样引领人们活出自己的真实天性。人生的愿景让人们的生活充满希望和意义。一个展望愿景、寻找生命意义的人是非常有力量的。一个组织的愿景是指组织希望成为什么样的组织，是对组织未来的一种憧憬和期望，是组织努力经营想要达到的长期目标，是组织发展的蓝图，体现一个组织的永恒追求，是引导企业前进的"灯塔"。

愿景是关于理想的一个独特想象，它面向未来，可以为众人带来利益。愿景包括几个关键因素：理想化、独特、有画面感、面向未来、利益共赢。

正如古人所说："以古为镜，可以知兴替。"过去是未来的前奏曲。研究表明，如果能首先回顾自己的过去，人们就能够看到自己更远的未来，因为过去的阅历可以为人们探索未来的愿景提供具体的细节。探索愿景包括五个方面，这五个方面既可用于个人的愿景探索，也可用于团队和组织的愿景探索。

以下以个人愿景探索为例，运用五个步骤展开愿景的探索，首先从回顾过去开始。

第一步　回顾过去

- 回顾你的人生，梳理一下自记事起到现在你所经历的重要的转折点。

- 思考哪些重大的事件使你的人生发生了转变。

- 记录下转变发生的年份和对你的影响，至少写下10个，填入回顾过去记录表中，如表3-1所示。

表3-1　回顾过去记录表

年　　份	事　　件	影响和意义

第二步　挖掘主题

回顾第一步中的大事和相关经历，回答下列问题：

- 有没有一些模式或关键词重复出现？

- 这些模式和关键词对你意味着什么？

- 什么样的特质和内在资源在支持你？

- 什么样的理想和信念在指引着你？

第三步　展望未来

10年后，你在事业上取得了重大成就并做出杰出贡献，你接受了一次采访。你将如何回答采访的记者向你提出的如下问题：

- 回顾你的过去，有什么独特的贡献？

- 你的努力怎样改变了你的家庭、组织、行业及他人的生活？你想成为什么样的人？

- 此时的你是什么样子的？别人会怎样描述你？

第四步　愿景呈现

- 结合以上三个步骤的发现和了解，描绘出你五年后的愿景。

- 不要停笔，自由地写，写下你想到的关键词，或者句子。

- 最终描绘出一幅画面，并为这幅画面找出一个主题词或关键词。

第五步　视觉呈现，让愿景激发每一天

- 将探索出来的愿景文字及画出的图画制作成卡片，或者其他可视化的东西。

- 每天使自己都可以看到这幅愿景图，你可以将它制作成电脑屏保图，或者手机主屏图，又或者制作成图片摆件放在床前、办公桌上等。总之，当你每一天看到它时，就能有能量，并让愿景引领、激发你的每一天。

我的愿景画布

当你经过了以上的探索与实践后，你一定会越来越清晰地听到愿景对你的召唤。这时，你要做的就是坚定地迈开脚步，朝着召唤的方向继续前进。

当你朝着生命的召唤前进时，你就在连接更真实的自己。当你决定继续这样前行时，奇妙的事情就会发生，你会发现很多神奇的事情都会在身边发生。你开始相信，每个人都资源具足，每个人都受着宇宙的眷顾，你也会越来越相信一切皆有可能。

2. 使命探索

> 使命的制定一定会受人影响；使命必须具有深远的意义，必须是你所信仰的——你认为正确的事情。领导者最根本的责任是保证每个人都了解使命、理解使命，并实施使命。
>
> ——彼得·德鲁克

使命是人或组织给自我的生命意义的定位，即存在的价值是什么。无论是个人还是组织都会在社会中产生使命感。一个人清晰了自己的使命会变得更加坚定，并会将自己的天赋优势与使命连接起来，更好地释放潜能。人一旦有了使命感无论做什么都会更加专注、认真和努力。

企业使命是指对自身和社会发展所做出的承诺。企业的使命感一般表现在为社会、为员工所要付出的努力和贡献上。企业使命体现了对企业未来发展的预期。例如，在互联网时代，分众传媒的定位为面向特定的受众群体的媒体；百度定位为世界上规模最大的中文搜索引擎，致力于向人们提供最便捷的信息获取方式等。企业的使命不同，企业的经营基本指导思想、原则、方向、经营哲学、商业模式等会不同，带给人们及社会的形象也会不同。

对于使命的探索，著名的管理学家彼得·德鲁克的"经典五问"是探索使命的一个非常好的方式，我们在组织服务的实践中会经常使用。他认为，管理就是界定企业的使命，并激励和组织人力资源去实现这个使命。界定企业的使命是企业家的任务，而激励和组织人力资源是领导力的范畴，两者的结合就是管理。为了从战略角度明确企业的使命，每个企业都应系统地回答以下五个问题：

（1）我们的事业是什么？

（2）我们的客户群是谁？

（3）客户的需求是什么？

（4）我们用什么特殊的能力来满足客户的需求？

（5）如何看待股东、客户、员工和社会的利益？

清晰定位一个组织的使命并不是一件容易的事情。但它的意义非常重大，它可以帮助领导者及员工设定目标和做计划并有效开展工作。当组织中的每个成员都能够准确地表述、透彻地理解并支持组织的使命时，组织便会有序地运转，并保持不断发展的驱动力。

接下来，将重点介绍如何理解使命，以及如何利用彼得·德鲁克的经典五问来探索组织的使命。

使命究竟应该是什么

使命必须表述组织真正努力要做的、切实可行的事情。组织内部的员工可以毫不含糊地说："这就是我对组织所做的贡献！""这就是我通过组织为社会做出的贡献！""这就是我们在做的事情！"使命应该可以印在T恤上（简洁、清晰、有力）。

使命三要素

使命应该反映：**核心竞争力+机遇+承诺和意愿**。

（1）核心竞争力：你的组织拥有什么独特资源？做什么比较擅长？制约你的组织发展的因素有哪些？

（2）机遇：你的组织正面临着哪些重要的外部或内部的挑战和机遇？

（3）承诺和意愿：你为什么要做现在在做的事情？

关于使命的探索，如下问题的思考会帮助你找到相应的答案。

（1）你正在努力做的是什么？

1）你的组织如何看待你们的使命？

2）你的组织是为了什么而存在的？

3）你为什么要做现在在做的事情？

4）你希望你的组织被人记住的是什么？

（2）你的组织的优势和特长是什么？劣势又是什么？

1）你的组织拥有什么独特资源？做什么比较擅长？

2）在客户眼里，你们做什么比较厉害？在什么情况下客户会想到你们？提到你们客户会想到什么？

3）制约你的组织发展的因素有哪些？

（3）你的组织正面临着哪些重要的外部或内部的挑战和机遇？

1）你的组织正面临着哪些重要的挑战——是来自不断改变的人口结构、法律法规、新科技的发展的压力，还是来自竞争对手的压力？

2）你的组织当前正面临哪些机会——是建立良好合伙关系、学习领先的管理方法的机会，还是来自新出现的社会变化潮流的机会？

3）你的组织当前出现了哪些重要的问题，如多元化员工相互配合、市场份额、渠道的变化等问题。

4）你的组织取得了哪些意外的成功？又有哪些意外的失败？意外的成功和失败是变化的征兆，通过意外的成功或失败你发现了什么变化？这些变化对你的组织意味着什么？

（4）你的组织使命是否需要重新修正？

1）如果不需要，为什么？如果需要，又是为什么？

2）如果需要，你要怎样修正或重新定位自己组织的使命陈述？

3）新的组织使命有哪些优点？为什么？

4）如果新的组织使命会遇到问题，则是什么样的问题？主要来自哪里？为什么会出现这些问题？你需要采取哪些行动才能解决这些问题？

（5）你经过上述思考的新发现是什么？

1）你的收获和启发是什么？

2）你最终确定的使命是什么？

3）上述问题的探讨对你当下工作的启发和影响是什么？

针对以上问题，当你和你的团队认真思考并深度交流后，你一定
会找到只属于你和你的团队的答案，或者带来新的发现。

3. 价值观探索

价值观是衡量事物对于人们的重要性和优先度的尺子，是一个人
对周围客观事物的是非曲直、好坏善恶的评价标准，是一个人做什么
或不做什么的理由。一个组织的核心价值观是组织要实现自身愿景、
使命所必须遵循的最基本的价值标准和价值信仰，是组织倡导什么
么、反对什么、赞赏什么、批判什么的基本原则，也是组织安身立
命的根本。

人们的价值观直接影响人们如何付出自己的时间、精力和金钱，
也决定着人们的工作及生命品质。从个人价值观与职业发展的关系来
看：职业发展成功与否的判别标准就是你是否得到了你想要的生活，
你的职业所带来的生活方式是否符合你的价值观念。从组织价值观与
组织发展的关系来看：组织发展成功与否的判别标准是组织是否能够
依据价值做决策，并有效完成使命、实现愿景。

价值观的探索可以帮助人们看到是什么在影响着自己的行为。评
价做一件事情是否有价值受到每个人自我价值观的影响。例如，一个
价值观是"学习"的人，会更倾向于关注学习与自我成长，如果在工
作中能够让其从中学习、得到指导、探索创新，并创建一个团队学习
和分享的氛围，则更能激发他的工作热情。

以下重点介绍个人价值观的探索方法，这对于领导者本身及领导者发挥领导力来说有着根本性的影响。当领导者了解了什么是对自己员工最有价值的时，激发与潜能的释放也便有了方向。

价值观的类型

（1）斯普朗格的六种价值观偏好。

德国教育学家、心理学家弗兰茨·恩斯特·爱德华·斯普朗格把不同人的"价值观"根据偏好不同，分成以下六种类型。

1）理论型。

对真理和其他抽象事物的探求感兴趣，习惯于用理论来理解事物，喜欢把事情纳入理论体系。十分重视道理，极端厌恶不合乎道理的事情。

2）经济型。

重视实用价值，强调学以致用。具有严重的实用主义、现实主义倾向，习惯通过行为所带来的经济效益来判断行为的价值。

3）审美型。

认为美的体验是最有价值的。十分重视自己的形象，洁身自好，厌恶世俗中争名夺利的丑恶行径，有时为了避免卷入世俗的纠纷中，对社会比较冷漠。

4）社会型。

认为关爱他人、被人关爱、互相帮助是最有价值的。与政治型和经济型相反，认为人际关系不应该成为谋取利益的一种手段，而应该是超越利害关系的。

5）政治型。

认为支配他人、指导人与组织的行动是最有价值的。将社会简单地看成支配与被支配的关系，习惯把人生看成斗争的舞台，有时为了自身的胜利不择手段。

6）宗教型。

认为神秘体验比做任何事都有价值。其中有的人尊重眼前的世界，有的人寻求超越的世界，有的人介于两者之间。

（2）米尔顿·洛克奇的13种价值观偏好。

美国心理学家洛克奇于1973年在《人类价值观的本质》中提出以下13种价值观偏好。

1）成就感。

提升社会地位，得到社会认同；希望工作能受到他人的认可，对工作的完成和挑战成功感到满足。

2）美感的追求。

能有机会多方面地欣赏周遭的人、事、物，或者任何自己觉得重要且有意义的事物。

3）挑战。

能有机会运用聪明才智来解决困难；舍弃传统的方法，而选择创新的方法处理事物。

4）健康，包括身体和心理健康。

工作能够免于焦虑、紧张和恐惧；希望能够心平气和地处理事物。

5）收入与财富。

工作能够明显、有效地改变自己的财务状况；希望能够得到金钱所能买到的东西。

6）独立性。

在工作中能有弹性，可以充分掌握自己的时间和行动，自由度高。

7）爱、家庭、人际关系。

关心他人，与别人分享，协助别人解决问题；体贴、关爱，对周遭的人慷慨。

8）道德感。

与组织的目标、价值观、宗教观和工作使命能够不相冲突，紧密结合。

9）欢乐。

享受生命，结交新朋友，与别人共处，一同享受美好时光。

10）权力。

能够影响或控制他人，使他人照着自己的意思去行动。

11）安全感。

能够满足基本的需求，有安全感，远离突如其来的变动。

12）自我成长。

能够追求知性上的刺激，寻求更圆融的人生，在智慧、知识与人生的体会上有所提升。

13）协助他人。

认识到自己的付出对团体是有帮助的，别人因为自己行为而受惠颇多。

（3）追求型价值观及逃避型价值观。

弗洛伊德认为，人的行为动机都在追求快乐，逃避痛苦。人的一生想要追求的感觉可以称为追求型价值观，而你不愿意触碰或不愿意拥有的感觉可以称为逃避型价值观。

追求型价值观涉及：爱、关怀、快乐、有趣、幸福、舒适、安全感、自由、尊重、和谐、成功、健康、挑战、创造性、幽默、自信、受欢迎、成就感、责任感、影响力等。

逃避型价值观涉及：孤独、无聊、沮丧、压力、忧虑、生气、愤怒、被拒绝、可怜、恐惧、不安、束缚、自私、嫉妒、绝望、无能、不被信任、被欺骗、愚笨、懦弱、优柔寡断等。

探索核心价值观

核心价值观往往是不会改变的，它会成为一个人或一个组织长久坚持的基本原则。同时，核心价值观的探索也不是一蹴而就的，不同时期探索出来的成果只会越来越接近核心价值观，或者你会发现探索出来的结果会没有变化，这个也是正常的。

第一步：对于过去、未来、现在的探索。回答如下30个问题，并只写出关键词。

关于过去

（1）从出生到现在，你获得的最大的经验教训是什么？（例如，坚持……）

（2）你小时候第一个最尊重的人有什么样的品质和性格？（例如，果断……）

（3）你最讨厌的人有什么样的品质和性格？（例如，虚伪……）

（4）当你想起你的父母时，你最感激和尊重的一点是什么？（例如，勤奋……）

（5）在你父母身上你最讨厌的一点是什么？（例如，指责……）

（6）在你小时候，当谈及金钱时你有什么感受？（例如，开心……）

（7）在你小时候，老师对你来说意味着什么？有什么词语出现在你脑海中？（例如，关爱……）

（8）说到关系，关系对于你意味着什么？有什么词语出现在你脑海中？（例如，和谐……）

（9）如果用一个词语去总结过去，那是什么？（例如，成长……）

（10）小时候，你一直想做的事情是什么？对你有什么意义？（例如，独立……）

关于现在

（1）现在你一直在思考什么？为什么？（例如，传递价值观……）

（2）对于现在的工作情况，你过去不知道，但是现在知道了。工作对你来说意味着什么？（例如，成就……）

（3）对于以前你不知道的关系，现在知道了。你学到了什么？（例如，理解……）

（4）精神上，你想要孩子去体验的一点是什么？（例如，勇敢……）

（5）放松，闭上眼睛，聆听你的身体，你的身体在告诉你什么信息？（例如，突破……）

（6）对于一个人，以前不知道是尊重他，现在知道了。你真正喜欢他身上的一点是什么？（例如，大气……）

（7）你为什么要不断学习知识和技能？（例如，想成长……）

（8）什么让你开心？以前不知道，现在知道了。（例如，助人……）

（9）关于你的生活状态，你讨厌的一个新发现是什么？为什么？（例如，拖延……）

（10）对于一个人，以前不知道是不尊重他，现在知道了。他有什么样的品质是你不喜欢的？（例如，爱说谎……）

关于未来

（1）在你的葬礼上，你最想要听到亲朋好友们说你什么？

（2）在你的葬礼上，你最不想听到的是什么？

（3）当你离世之后，人们给你拍了一部电影，你希望这部电影是什么主题？

（4）你离世后，人们为你写了一首歌，你希望这首歌是什么主题？

（5）在你的墓志铭上面如果只写一个词语，你想要写什么？

（6）我一辈子都不想听到的一个词语是什么？

（7）你为人类（客户）做了一个贡献，这个贡献会是什么？

（8）将来，你想要全世界了解中国，你想要他们体验到什么？

（9）你成为一个有影响力的职业人，对你客户的生活会有什么样的影响？

（10）你的孩子在10年、20年之后，你不想让他们经历什么？

第二步：将价值观词语中负面的词汇改为相应的正面表达的词语。

第三步：总结一个词语，或者找出过去、现在、未来的词汇中经常出现的词语，这就是核心价值观。

目的价值观探索

1974年4月，克莱尔·格雷夫斯博士的"人类发展阶段理论"首次公开发表于美国学术杂志《未来学家》，文章的标题是《人类的本性已为重大飞跃做好准备》。格雷夫斯博士认为，成熟人类的心理状态是一个延伸的、发展的、摇摆的、螺旋式的进步过程。在这个过程中，不仅人类所面临的存在（Being）问题发生着变化，人类的社会行为体系也在发生着由旧到新、由低到高的交替与变迁。

在人类存在的每个阶段，作为一个成熟的人，他都会永不停息地追寻其存在的目的和意义。在人类存在的第一个阶段，他追寻的是机械的生理上的满足感（生存）；在第二个阶段，他开始寻求一种生存上的安全感（关系）；此后，他追寻的是一种英雄状态及相应的权力和荣誉（学习）；厌倦了争霸，他开始渴望内心的安宁（提升）；接着，他开始追求物质享受（成就）；然后，他又有了更为强烈的情感关系的诉求（尊重）；再后来，他开始梦想着个人价值的实现及世界大同的终极和平（解决）。当他认准追求目标、坚定地前进时，他都坚信自己即将找到答案，很快就会发现自己存在的意义和价值（贡献）。

格雷夫斯博士将人类发展阶段中的不同价值追求称为价值基因系统。价值基因应该被视作一种价值系统、一种世界观、一种心理状态、一种信仰结构、一种组织原则、一种思维方式或调整模式。价值基因系统代表着人类社会系统赖以形成的核心智能，人类行为也由它直接指挥；它影响着所有人的人生选择，从这一点来看，它又是一种决策架构；它能够表现出健康的或不健康的两种形态；它是一种离散的思维结构，而不是一系列的理念、价值或动因的结合；它会随着人类生存环境的变化而忽明忽暗（这里的人类生存环境是指历史时期、地理位置、存在问题及社会环境等）。

此外，螺旋动力学中有以下五个基本要点。

（1）人类的本性是非静止的，人类的追求是无限的。当人的生存环境发生变化之后，人性也随之变化，并寻求新的系统。然而，旧系统仍然存在于新系统之内。

（2）一旦新系统被激活，人类又开始自觉地改变其心理状态、生存规则去适应新的系统环境。

（3）人类生存于一个潜在开放的价值体系之中，与之相对应的是无穷无尽的生存模式。根本不存在一个能为人类所穷尽的终极状态。

（4）一个人、一个组织或完整的人类社会只能够对与人们当下的生存状态相适应的管理原则、动机诉求、教育制度、司法或伦理规范做出积极的反应。

（5）人类系统发展状态所表现出来的阶段渐进性和复杂性，用螺旋来描述最为形象。螺旋的每次上升意味着人类对于现存状态的一次觉醒和重新阐释。人类螺旋在不断上升的过程中，也将每一阶段和生存环境下的价值体系与思想体系包容进来，做螺旋状向上发展。换句话说，新的时代最终造就了新的思想。

正是基于上述格雷夫斯博士的研究成果及螺旋动力学的基本逻辑，世界大师级教练郑振佑博士结合自己多年的实践在目的价值观的探索中进行了延伸应用。他从螺旋动力学的视角出发，将价值基因系统非常好地应用在个人与组织的发展当中。我们也在多年的实践中运用此方法帮助众多的领导者及组织清晰了自己的目标价值观，从而更好地发展自己，以及领导和激发团队。

以下介绍个体的目的价值观的探索方法。

目的价值观的探索图如图3-1所示。

A	B	C	D	E	F	G	H
A1 生存	B1 关系优先	C1 学习、个人兴趣	D1 晋升、权利结构	E1 成功和成就	F1 尊重和人的潜力	G1 解决方案和系统思考	H1 贡献和全球和谐
A2 安全	B2 群体生活	C2 活在当下	D2 责任和荣誉	E2 客观的现实	F2 和谐的生活	G2 互利的生活	H2 全体论
A3 保护	B3 归属和关爱	C3 力量与光荣	D3 忠诚和牺牲	E3 相同的目标	F3 人类的纽带、平等	G3 综合复杂的现实	H3 灵性
A4 肉体上的宁静	B4 家人	C4 技能	D4 目标和意义	E4 形象和地位	F4 真实	G4 自然的系统	H4 和谐和高目标指向
A5 自身	B5 情感往来	C5 满足感	D5 权力	E5 战略和成果	F5 人权和平等	G5 自由	H5 智慧和世界

图3-1 目的价值观的探索图

探索步骤

（1）排序。

根据图3-1，将图中的40个词语按重要程度依次排序，从1到40。

（2）对应分数。

词语对应的分数如下。

排在第一位的词语的分数为80分。排在第二位的词语的分数为

78分。排在第三位的词语的分数为76分。之后依次减2分。最后排在40位的词语的分数为2分。

例如：

1）自由 G5　80分

2）安全 A2　78分

3）家人 B4　76分

……

39）活在当下 C2　4分

40）生存 A1　2分

（3）累加分数。

把A到H的各列分数依次加在一起。每个字母有五个分数。

例如，A：78分+2分+…=A的总分

B：76分+…=B的总分

C：4分+…=C的总分

……

G：80分+…=G的总分

（4）觉察与应用

根据A—H的最终总得分情况来看自己当前所处的阶段，以此指导自己的行为，以及将此行为有效运用在团队工作中。

处在不同阶段的八个思维层级（见图3-2）决定了人们的行为能力。

1）生存：工作保障、安全、收入、短期指标、健康、生理需求、财务。

2）关系：归属、关注、客户关系、认可。

3）学习：培训、技能、控制、领先、知识。

4）提升：流程、方法、规章、结果导向。

5）成就：长期绩效、战略思维、竞争力、担当、目标导向、智慧、成就、愿景。

6）尊重：培养、团队协作、社团、分享、社会责任、内在平静。

7）问题解决：系统思维、价值导向、灵活性、融合、流畅、直觉、知识广博。

8）奉献：灵性、奉献、整体、自然天成。

图3-2 处在不同阶段的八个思维层级

如果在你的八项测评结果中得分最高的是3）学习，那么，你会呈现出对学习的特别兴趣，注重自己的学习与成长并愿意看到身边的人也能够关注学习与进步。在现实的工作中，如果你能够从中学习并能够收获进步与成长，你会比较愿意并开心投入当下的工作中，你觉得这对你来说是非常有意义的。如果你的下属的测评得分也是学习，那么对他的激发与管理就可以参考这个价值需求，给他提供学习的机会与空间，创造学习的团队氛围，给他提供在学习方面的经验与成果等将是不错的有效激励方式。

在现实应用中，并不能从单一的评估结果来评估一个人当下阶段的价值需求，需要综合整体结果来看。

以上，我们针对愿景、使命、价值观的探索方法进行了分享，你可能更深刻地意识到愿景、使命与价值观不是挂在墙上的装饰，而是个人与组织决策的出发点和落脚点。我们相信只要你认真探索，你一定会对自己或自己的组织又有了更清晰的发现。当一个人或一个组织的这张心灵地图更清晰时，就可以更加从容地面对当下的挑战、拥抱当下的每个发生。

自我驱动——基于角色的100%投入

在一个人全然投入的那一刻，一系列从未梦想到的事会一桩桩接踵而至。

——歌德

【自我驱动：不断开发自己的潜能，向内在探索动力；专注目标全力投入，持续保持自动自发的状态；不找借口，直面挑战，坚持行动。】

有这样一个故事。1858年，瑞典的一个富豪人家生下一个女儿，然而不久后，女孩染上了一种无法解释的瘫痪症，丧失了走路的能力。有一次，这个女孩和家人一起乘船旅行，船长的太太和孩子说船长有一只天堂鸟。女孩被这只鸟的描述迷住了，特别想亲自看一看，于是保姆把女孩先留在甲板上，自己去找船长了。女孩耐不住等待，她要求船上的服务生立即带她去看天堂鸟。那位服务生并不知道她的腿不能走路，于是便带着她去看那只美丽的小鸟。这时奇迹发生了，女孩因为过度渴望，竟忘我地拉住服务生的手，慢慢地走了起来。从此以后这个女孩的病便痊愈了。女孩长大后，又忘我地投入文学创作中，最后成为第一位荣获诺贝尔文学奖的女性，她的名字就是茜尔玛·拉格萝芙。

德国著名的思想家歌德曾说："在一个人全然投入的那一刻，一系列从未梦想到的事会一桩桩接踵而至……"茜尔玛·拉格萝芙正是被强烈的内在渴望与好奇心所驱使，将身心完全投入"寻找天堂鸟"这项活动中，在过程中表现出"耐不住"的高度兴奋，忘记了自己的瘫痪而忘我地站起来行走了。在这个故事中，主人公被她强烈的内在渴望驱动，100%投入在当下的目标中，忘我而全然地采取了行动，从而释放出巨大的潜力，创造了奇迹。

在这里谈及的"自我驱动"重点包括两个方面。

第一个方面是探索并清晰自己的心灵地图，挖掘自己的天赋、优势与兴趣，并找到将之与工作完美结合的结合点；第二个方面是如何让自己能够100%投入当下正在做的事情中，让每个当下都有意义。

以下介绍"100%投入当下"的修炼方法。

此处提及的基于角色的100%投入是指领导者在工作岗位中100%投入。第一，100%投入是基于目标的投入，如果目标不清晰、方向不对，越是投入越会南辕北辙。这是将团队所有人的注意力集中在目标上的全力以赴、共渡难关；第二，100%投入是一种敢拼的精神，是全然在当下的状态；第三，100%投入是在没有条件的情况下，创造条件也要上的一种成长思维引领下的创造性解决问题的行动。

假如不是100%，而是99%会发生什么？就像人们日常烧的水，虽然只差一度，但也不是开水，水的状态不同。如果在工作中不是100%全然的投入，而是差不多或尝试着去做会怎么样呢？可能是差之毫厘，失之千里。所以，100%投入会带来更多可能性和奇迹般的成果。

在你的工作中有哪些100%投入的例子呢？当你回想你100%投入某件事的时候，结果是怎样的呢？相信100%投入的感觉一定很美妙。

如何在工作当中带领队伍更好地践行100%投入呢？

（1）制定清晰的工作目标并写出计划，其中包括工作重点、预期的工作成效和截止日期等，并让团队共同支持与监督工作目标与计划的完成。

（2）每天进行自我评估，认可优势，改善不足；评估的要素可以通过在工作中的以下表现来检视。

- 追求目标并全力达到目标；

- 主动争取，而非被动接受；

- 全身心投入团队和工作中；

- 在逆境中不放弃，创造性地解决问题；

- 提高标准；

- 高效学习；

- 总结反思。

（3）在践行中值得人们注意的是什么呢？

- 基于正确、清晰、有挑战性的目标；

- 将100%投入养成一种习惯，而非偶尔为之；

- 主动争取，而非被动接受。

德国哲学家弗里德里希·威廉·尼采曾经说过，一个人只有了解了自己人生的意义后，才会明白如何去做。找到自己内心最纯粹的动力，这才是一切自我驱动得以实现的基础。英国剧作家萧伯纳也曾说："生活在这个世界上的人都要去寻找他们想要的环境，如果他们没有找到，那就自己去创造。"这也正如我们所认为的，一个人或一个组织在成长的过程中永远不会是一帆风顺的，要在遇到挑战与挫折时能够转换视角看到其背后的机会与成长，并常怀感恩之心。

以下基于面对工作时的状态将人分为三种。第一种人是先知先觉的人。他们为自己工作并享受其中，不断深入自己的内心，从自己的内在需求出发，不被外界的认可或否定所左右，工作非常积极主动并自动自发地去努力。第二种人是后知后觉的人。他们把工作当作谋生的手段，陷入整日的奔波劳碌中，以及完成工作的满足与没有完成工作的痛苦的情绪波动当中。第三种人是不知不觉的人。他们不知道为何而工作，得过且过，用工作打发时间，因为找不到生活的意义而怨天尤人，生活在苦闷当中。那么，第一种人便是自我驱动的人。

自我刷新——在觉察中精进

【自我刷新：能够持续学习，探索未知；敢于否定自己，主动迎接改变；不执着于自己过去的知识与经验的积累，勇于自我更新与迭代。】

自萨提亚·纳德拉2014年接任微软的首席执行官以来，微软的市值翻番，超过了互联网泡沫以来的最高点。2017年，微软的市值已经超过6 000亿美元，在科技公司中仅次于苹果和谷歌。除了传统上微软一直占有竞争优势的软件领域，在云计算、人工智能等领域，微软也获得了强大的竞争力。通过收购领英，微软还进入了社交网络领域。纳德拉的首部作品《刷新：重新发现商业与未来》全景回顾了纳德拉的变革路径，如在硬件Surface电脑上的投入，在混合现实、人工智能和量子计算三大领域的战略布局等；系统总结了他的核心管理思想，即任何组织和个人，达到某个临界点时，都需要自我刷新。为了迎接智能时代的挑战，他提出自我刷新的三个关键步骤：拥抱同理心、培养"无所不学"的求知欲，以及建立成长型思维。

在充满不确定性和高速变化的今天，自我刷新更是成为一个人或一个组织生存并发展的关键思维与能力之一。当今，一个人或一个组织不断地保持对自我、环境的觉察，持续学习与改变，不断突破与成长，勇于自我更新与迭代已成为发展的主旋律。

以下介绍"自我刷新"的两种方法。

1. 觉察日记

美国哈佛大学心理学教授丹尼尔·戈尔曼经过多年的研究发现，一个人的绩效93%和自我觉察有关。正所谓，觉察是改变的开始。当人们更加清晰地看到或感觉到做出改变的利弊或改变会让自己成为什么样的人时，行动的动力就会被激活与催化。

"觉察日记"是一个非常有效的自我觉察的方法，可以帮助领导者进行"自我刷新"。"觉察日记"可以使领导者摆脱冲突与不适，关注内在的卓越性与价值需求，从对自己、他人或外界的期待中保持内观，并从自我的主动改变中影响周围的人做出积极的改变。

"觉察日记"的基本步骤如下。

以下从两个不同视角介绍应用"觉察日记"进行自我觉察的基本步骤。

（1）当感受到自己与他人有冲突时，从以下七步开启觉察。

1）清晰冲突：你的冲突是什么？和谁？在哪方面产生了冲突？

2）清晰期望：你对冲突方的期待是什么？期望对方如何？

3）清晰为什么：为什么你会有这样的期望？至少列出10条。

4）清晰现实检查：你必须要面对的现实是什么？站在冲突方的角度，你觉得他会怎么看？

5）发现卓越：在期望的背后，你看到自己有哪些卓越品质或价值观呢？（找出卓越性读10遍，让自己充分感受。）如果没有这个期待，你会怎样？你会成为谁？

6）发展计划：为了实现你想要的结果，你决定发展什么能力？第一步是什么？

7）送出礼物：为了你期待的目标，为了让对方感受到你的卓越性，你会做些什么呢？（这就像你送出的礼物，让对方因你的卓越贡献而受益。）

（2）当感受到自己与自己的内在有冲突时，从以下七步开启觉察。

1）冲突：这个内在冲突是什么？

2）期望：冲突的背后，你对自己有什么期望？

3）为什么：为什么你会有这样的期望？至少列出10条。

4）现实检查：你必须要面对的现实挑战是什么？

5）发现卓越：在期望的背后，你看到自己有哪些卓越品质或价值观？（找出卓越性读10遍，让自己充分感受。你的卓越性是……）如果没有这个期待，你会怎样？你会成为谁？

6）发展计划：为了实现你想要的结果，你想做出哪些改变？

7）送出礼物：100%感受自己的卓越性，感谢自己的卓越性，感谢自己内在的卓越性陪伴了自己这么多年，对自己至少说三遍"我是足够好的，我100%无条件地爱我自己，接纳我自己"。

2. 每日复盘——复盘五问

每日复盘可以帮助领导者不断地评估行动的成果，找到可能的差距，运用有效的策略，聚焦目标；面对变化的内外环境采取积极有效的行动，以推动个体和组织在清晰中不断精进。

可以通过对表3-2复盘五问中的五个问题的探索来进行复盘，并落实新的行动。

表3-2　复盘五问

序　号	复盘五问
1	完成目标的自我满意度分数（10分为满分）
2	完成目标的关键因素是什么
3	"缩短差距"的阻碍因素是什么

序　号	复盘五问
4	假如可以重来，为了达到满分，你会怎么做
5	你是走在完成目标的道路上吗？如果不是，你想做哪些调整

复盘五问既可用于每日复盘，也可用于月度、季度、年度及人生大的愿景实现的复盘。复盘的核心要义是对标目标、清晰关键成功因素、明确现实的困难与挑战、重新聚焦目标，采取新的策略、投入下一步的行动。

著名的潜能开发大师博恩·崔西认为："你就是一块活生生的磁铁；你能吸引与你的主体思想一致或和谐的人和环境，不论你在意识里想的是什么，它都会在你的生活中表现出来。"当你能够不断地聚焦在你的目标，你的愿景、使命、价值观，以及你的卓越性上，并不断采取积极主动的行动时，你就会凝聚与之相应的资源并在行动中收获你想要的成果。

领导者自觉力满意度评估，如表3-3所示。

表3-3　领导者自觉力满意度评估

关键特征	具体行为	自评	领导评	下属评
1. 自我认知	（1）能够主动探索自我，保持对自己的好奇； （2）相信自己有无限的可能性，同时也接纳自己的局限与不足； （3）了解自己的愿景、使命、价值观等并保持对工作角色的清晰认知			
2. 自我驱动	（1）持续探索内在动力，不断释放自己的潜能； （2）专注目标，全力投入，始终保持自动自发的状态； （3）直面挑战、不找借口、坚持行动			
3. 自我刷新	（1）能够持续学习，探索未知； （2）敢于否定自己，主动做出改变； （3）不执着于自己过去的知识与经验，勇于自我更新与迭代			
备注	根据自己的理解从三个视角对满意度进行打分；1分为最低，10分为最高			

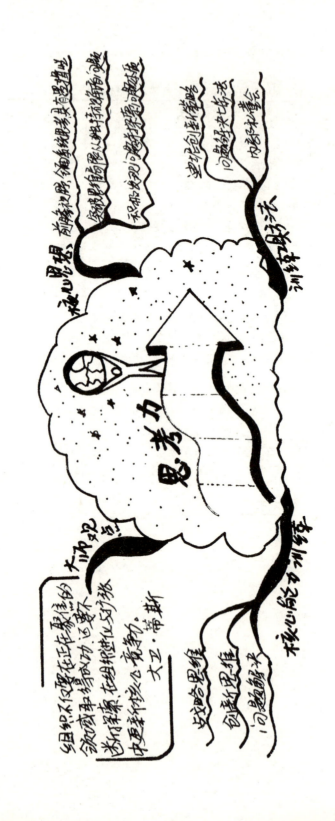

第4章
思考力实践修炼

4.1 视野有多大，世界就有多大

三个泥瓦匠

有三个泥瓦匠正在一个在建的大楼前搬砖，有位路人上前问其中的一个："你正在做什么呢？"被问的泥瓦匠带着疲倦，不耐烦地说："没看到我正在搬砖吗？快让开。"路人又问另一个："你正在做什么呢？"被问的泥瓦匠笑着回答："我正在建造一座大厦。"于是路人又问第三个泥瓦匠："你正在做什么呢？"只见这个泥瓦匠抬起头，脸上带着微笑，自豪地说："我正在建设一座美丽的城市。"

对于同样的问题，不同的人有不同的答案，而答案背后是每个人对自己正在做的事情的定义与认识。正所谓，问题本身不是问题，怎么看问题才是真正的问题。在现实生活和工作中，人们对事物的认识和看法往往限制了自己的决策。

在组织发展中，对于内、外环境的研究，对于战略的制定，以及对于经营管理本质的理解等，都需要企业领导者的前瞻视野与深度的思考。一个组织或一位企业领导者的思考力即思考的高度、宽度与深度影响着组织发展的方向，以及领导者发展的空间。

思考力重点是指战略思维、创新思维与问题解决的能力。领导者的思考力影响着组织和团队的竞争力与发展力。比尔·盖茨曾认为："大脑决定一切。"张瑞敏认为："没有思路就没有出路；只有淡季思想，没有淡季市场。"这些理念都向人们展现了优秀的企业家们对于思考力重要性的深刻体悟。

阿里巴巴的创始人马云就是一位非常有梦想、有抱负和有思考力的人，他的前瞻视野、宏伟志向、创新思维有目共睹。马云提出发展目标："阿里巴巴要做102年的公司。诞生于20世纪最后一年的阿里巴巴，如果做满102年，那么它将横跨三个世纪。阿里巴巴必将是中国最伟大的公司之一。"他解释说："你能走多远，第一天的梦想很重要，阿里巴巴在第一天出来时就是要走80年。现在我们又有明确的目标出来，要做102年。上个世纪我们活了1年，这个世纪我们想活100年，下个世纪我们再活1年。在102年之间的任何一个时候我失败，就是我没有成功。"从马云的话语中能够感受到他的雄心壮志。同时，能够感受到正是因为他的"让天下没有难做的生意"的胸怀天下的使命与视野，激发和鼓舞着一代代阿里人朝着目标前进。

在组织的发展中，培养领导者的战略思维、创新思维及问题解决的能力才能够帮助领导者不断地清晰方向，并且在战略的引领下勇于突破与创新，不断地基于客户的需求直面各种挑战并取得成果。

4.2　思考力的三大修炼——突破思维的局限

问题本身不是问题，怎么看问题才是真正的问题。无论是组织发展还是个人发展，没有什么能够限制我们，唯一限制我们的是自我设限的观点。

战略思维——高度、深度与宽度

【战略思维：具有前瞻视野，能够全面、系统地思考，具有逻辑性；志向远大，面向未来；做事以终为始，谋定而后动。】

我们曾经给山东一家企业提供过战略咨询的服务。在项目合作开始前的需求沟通中，我们就深深感受到这位企业领头人有很强的战略思维。我们与之从如何做百年企业、如何更好地贡献地方经济、如何更好地创造需求持续提升客户的生活品质，再到如何持续构建企业的核心能力、如何集聚独特资源、如何在行业中保持一种有利的地位等进行了深度交流与探讨，这让我们看到了一位有远见和前瞻视野的企业家的战略思维。

战略是面向未来的，包括战略思维及逻辑。战略思维是一种有高度、有深度、有宽度的系统思维。企业的创始人及核心领导者的思维必须要有高度，即具有胸怀天下的雄心壮志，又能够脱离企业本身看企业在行业中、在社会中的价值贡献等；同时他们的思维要有深度，即能够透过现象看本质，能够入木三分、洞察事物发展规律及客户需求从而更好地从根本上解决问题，提供最有价值的产品与服务等；最后他们的思维需要有宽度，即能够看见过去的积累、现在的挑战、未来的趋势与机会，能够用发展的眼光把握时机地去创造未来。

无论对于企业的创始人、领导者还是普通的员工来说，具备战略思维都非常有意义。组织发展需要方向与清晰的价值定位，一个人的发展也一样。人们常说："人无远虑必有近忧。"如果一个人能够着眼长远目标、系统而全面地分析事物，能够从根本上解决问题，并且脚踏实地聚焦当下地去创造价值，那么这个人的潜能就会不断地被激发，他的成长力与竞争力也会越来越强。

在当今的一些组织中，经常谈道："人人都应该像CEO一样思考。"这句话说的就是组织中的每个人都应该具备战略与全局意识，能够对自己的发展与绩效表现负起责任，并且持续探索和修炼自我进化与发展的能力。

战略思维重点包括三个方面：一是具有前瞻视野，能够全面、系统地思考，具有逻辑性；二是志向远大，面向未来；三是做事以终为始，谋定而后动。其中蕴含着三个视角：一是对于战略问题的思考与谋划；二是包括战略思维的关键内容，如战略目标、战略计划、战略方针等；三是战略计划的实施与反馈修正。战略思维既是一种思维方式又是一个系统思维的过程，也是一个实现知行一致的修炼体系。

那么，如何提升战略思维能力呢？以下介绍三种方法。

1. 从四个维度看世界

无论是个体的发展还是组织的发展都离不开环境，以及与他人的互动。所以，要从以下四个维度看组织及个体的发展：①组织自身的目标与核心优势，②行业价值链和行业的趋势与变化，③社会的政治和经济，④全球经济的发展及人类文明的进步等。当从以上这四个维度看组织及个体的发展时，才可以更好地在把握发展规律与趋势的基础上做出正确决策，同时在决策后的行动与反思中不断提升战略思维能力。

2. 运用榜样的力量

如果观察近十年来高速发展的企业，如阿里巴巴、腾讯、华为等，则不难看出前瞻视野与战略思维，以及清晰的愿景、使命、价值观正是推动它们持续发展的核心动力。可以通过持续观察，以及向这些企业学习来提升战略思维的能力。这样，在员工的职业发展中，也会比较容易在身边找到那些胸怀大志、具有全局意识，以及不断创造卓越绩效的榜样。向榜样学习并积极做出改变的行动会推动目标的实现。

3. 坚持实践与积累

任何能力的提升都离不开有目标的实践行动。战略思维作为领导者及优秀高潜人才的关键素质与能力之一，需要从实践行动中锻炼出来。所以，清晰目标，找到有效的提升方法与途径，坚持行动并不断总结、反思、调整是提升战略思维的关键因素。

创新思维——迪士尼创新策略

【创新思维：能够突破常规思维局限，运用独特视角看问题；能够勇立潮头，把握时机，追求卓越；能够大胆尝试，提出与众不同的解决方案，不断创造新颖的、独到的行动成果。】

两个推销员的故事

有两个推销员被安排到一个岛屿上去推销他们公司生产的鞋子。第一个推销员到了岛屿上之后非常生气，因为他发现这个岛屿上每个人都是赤脚，根本没有穿鞋的习惯，生活的环境似乎也不需要人们穿鞋。他很气馁，于是他与公司总部联系，说明了市场情况并告诉总部不要把鞋子运来了，并肯定这个岛上没有鞋子的销路。第二个推销员来了后，当他看到岛屿上的人们都赤着脚时，他按捺不住心中的喜悦，高兴得几乎要跳起来，他想："这个岛屿上鞋子的销售市场太大了，即使一个人只穿一双鞋的话，那销售数量也是不得了啊。"他马上打电话给总部告之市场情况及他的想法，请总部尽快空运鞋子来。同样的情况，不同的思维模式，产生了完全不一样的结果。

在变化成为常态的今天，传统的、固有的思维模式已经不能支持人们绩效的达成和组织的竞争与发展了，更不能支持组织应对和管理变化了。创新已经成为一个人、一个组织乃至一个国家发展的核心力量了。从组织发展的角度，能够不断创新的企业便能够保持发展的势头或领先的位置，而固守过去的经验、不能够创新的企业便会被慢慢淘汰。海尔的创新发展有目共睹，在国际知名商业媒体《快公司》杂志公布的"2018年全球最具创新力公司榜单"中，海尔是唯一入选

"2018年全球最具创新力公司中国榜单"TOP10的家电企业，也是第三次被评为"全球创新企业"。在"世界就是我的研发部"这一理念的引领下，海尔从20世纪90年代就开始展开了全球创新体系的探索。目前，海尔依据全球十大研发中心为开放的基础平台，根据用户的痛点随时连接全球的N种研发力量，持续产生颠覆性的创新成果，这也是海尔的创新力被《快公司》认可的重要原因之一，也是海尔不断发展赢得竞争的活水源头。创新为海尔的发展注入了生命力。

美国经济学家、战略管理学家大卫·蒂斯（David J. Teece）提出的"动态能力"学说为人们展现了一个新视角，较"核心竞争力"学说更能够引领组织把握主动性，更有效地进行管理变革并驾驭变化。"核心竞争力"学说认为，组织要构建核心竞争能力才可以在竞争中取胜；而在"动态能力"学说里，组织需要根据生态环境的变化持续优化并更新核心竞争力。也就是说，组织不仅需要在正在聚焦的领域中取得成功，同时又要不断探索，在组织扩张与进化过程中更新核心竞争能力。"动态能力"学说为组织的持续创新提供了参考，而创新思维的树立让创新的行动得以发生。

创新思维重点包括三个方面：一是能够突破常规思维局限，运用独特视角看问题；二是能够勇立潮头，把握时机，追求卓越；三是能够大胆尝试，提出与众不同的解决方案，不断创造新颖的、独到的行动成果。以下介绍一个创新思维训练的方法——迪士尼创新策略。

1. 迪士尼创新策略

迪士尼创新策略是一种有效的创新方式，是用于开发梦想，以及让梦想变成现实的一种帮助人们创造最大可能性的创新策略。提及迪士尼乐园几乎家喻户晓。华特·迪士尼是一位深受美国人民热爱和怀念的长者，在他的生命当中获得了56个奥斯卡奖提名奖和7个艾美奖，他是世界上获得奥斯卡奖最多的人。在他的一生当中，他和职员一起创造了许多著名的、受世人欢迎的卡通角色，包括那个被无数人喜爱的经典卡通形象、华特·迪士尼的好友——米老鼠（Mickey Mouse）。他之所以能够取得这样的辉煌成就，和他在工作过程中充分发挥自己丰富的想象力，以及采用非同寻常的头脑使用策略息息相关。他不仅是一位创意天才，还是一位能够激发团队创意的卓越领导者。每当迪士尼团队要产生一种创意的时候，华特·迪士尼就会扮演三个不同的角色：梦想家、实干家和批评家来启发团队的创意，并拓宽视角探索行动的可能性。

罗伯特·迪尔茨是神经语言程序学（Natural Language Processing，NLP）的倡导者，他模仿并开发了推动创新的策略工具——迪士尼创新策略。这一创新策略在很多国家得以推广应用，并给很多运用此策略的企业及企业领导者带来了很大的帮助。该策略划分出了三个重要的角色：梦想家（很有创意的人）、实干家（擅长具体执行的人）和批评家（擅长找出问题并直接指出不足的人）。这三个角色都参与把创意转变为现实的过程中，并且通过分别探索拥有最大的成果。迪尔茨把迪士尼对这三种角色的原本用途发展成为一种策略，有意识地培养工作团队中不同角色的人，他们中的每个人都"专攻"不同的角色。在实践中，该策略经常被运用到拓展思维、创新，以及问题解决和团队的共创当中。

在与团队的互动中，可以邀请不同的人以不同的角色出现并进行碰撞以取得不同的成效。例如：

- "就我刚才的创意请你帮助补充一些新的思路可以吗？"（此为邀请对方以梦想家的角色出现。）

- "请你说一说在我们的方案中有哪些是我们考虑不周的？"（此为邀请对方以一名批评家的角色出现。）

- "你觉得我们怎么做才能将创意变成现实？"（此为邀请对方以实干家的角色出现。）

梦想家、实干家和批评家有着不同的视角与行为特征。在组织中，你会注意到你的团队成员中有人擅于造梦、有很多创意，是一个梦想家；也会注意到有的人像一个批评家，常常会评价梦想家"脱离实际""好高骛远"等，在他们眼里似乎到处都是问题；你还会注意到身边的那些实干家，他们脚踏实地、务实、执行力强，是行动派。在组织的决策与管理中，如果三种角色独立存在，则会出现当梦想家有一个创意时，批评家只是挑毛病，而实干家则认为梦想家的想法无法落地执行的情况。这样的各自为战会导致没有目标共识，更无法基于共识的目标聚焦有效地行动。如果这三种角色能在一个人身上或一个团队中灵活转化，则有效和有价值的决策与碰撞才会产生，从而推动团队成为有梦想、能够把握风险，并且能够知行合一的卓越团队。

什么时候运用迪士尼创新策略会对工作产生有效的帮助？

- 当你有一项新的创意计划想要变成现实时；

- 当你要开展一个新项目需要采取新行动时；

- 当你想提升你自己或团队的创新能力时；

- 当你感觉处于"梦想"与"现实"的冲突中时；

- 当你想检验一种想法或目标的最佳实现时机时；

- 当你或你的团队遇到巨大阻力，行动停滞不前时；

- 当你因想解决一个棘手的问题而要调用他人或团队的智慧时；

- 当你想培养自己或团队成员敢想敢为的工作精神时；

- 当你想提升团队的执行力并取得更有价值的结果时……

2. 迪士尼创新策略实践应用精要

在实践中你可以参考如下的方法，但不限于如下方法。

（1）根据团队人数的情况，你可以借助会议室来展开应用。你可以在会议室中区分开三个空间，在这三个空间区域中分别贴上"梦想家""实践家""批评家"字样以区分三个不同的角色。

（2）在每个区域的中心位置放置一把椅子（最好是不同形状的），并摆放一件可以代表该区域角色的特色东西，如在"梦想家"的椅子上放置一个卡通面具，在"实干家"的椅子上放一个苹果，在"批评家"的椅子上放一把剪刀等。

（3）可以让所有人先进入"梦想家"的区域，推荐代表戴上面具，扮演"梦想家"的角色。在梦想家区域的人可以运用头脑风暴等方式尽量多地提出不同的想法，越多越好。此时谨记不要批判，只是大胆地去想。

（4）之后进入"批评家"的区域，感觉一下在扮演"梦想家"时探索及想出的新想法，用"批评家"的角色与视角分析每个想法的优劣。你可以毫无顾虑地批评与评价，也可以换位思考，找到可能的风险是什么。

（5）之后再走进"实干家"的区域内，以实际的角度依照上述的分析，探索出切实可行的行动方案。

（6）你可以循环进入每个区域。每到一个新的区域都需要转换角色与思维方式，直到自己或团队已经想到了一个创新、可行及经得起批评的计划为止。

（7）你必须投入地扮演这三个角色。

（8）如果人数较多，可以将参与人员分成三组，每组各在一个区域，分别扮演该区域指定的角色。小组探讨一段时间后各小组再调换位置。需要注意的是，每位成员都必须分别扮演过不同的角色。

（9）最后以"实干家"的角色形成共识的、可行的方案或行动计划。

还有很多方法及工具可以帮助人们树立并训练创新思维，如头脑风暴、思维导图、六顶思考帽等。在组织中树立创新思维，培育创新思维的土壤很重要，可以从以下四个方面入手。

（1）要敢于与众不同。鼓励人们打破陈规旧俗。

（2）永远充满好奇心。要具有孩童一样的好奇心，即使对某些问题不是专家，也要能够积极探索、想象。

（3）凡事多问一些为什么。世界上没有愚蠢的提问者，只有愚蠢的不提问者。

（4）理解人类的基本需求。如果不理解人类的基本需求，无论预见力和创造力多么强，都有可能失之谬误。对人类基本需求的深刻理解是产品的创新之源。

心理学家罗洛·梅曾谈道："许多人觉得，在命运面前，自己的力量微不足道，打破现有的框架需要非凡的勇气，因而许多人最终还是选择了安于现状，这样似乎更舒适些。所以在当今社会，'勇敢'的反义词已不是'怯懦'，而是'因循守旧'。"无论是组织还是个人，勇于打破常规，不断创新才能够保持发展的活力。

问题解决

【问题解决：能够及时发现问题并积极探求问题本质，觉察问题背后的根本原因；面对问题不回避，知难而上；不犯重复性错误，积极探询最佳解决方案。】

洗鸟粪还是拉窗帘

美国华盛顿广场有名的杰弗逊纪念大厦，由于年深日久，墙面曾出现了裂纹。为了保护好这幢大厦，有关专家专门进行了研讨。

最初大家认为损害建筑物表面的元凶是侵蚀墙体的酸雨。专家们经过进一步研究，却发现对墙体造成侵蚀的最直接的原因是每天冲洗墙壁时水中所含的清洁剂对建筑物有酸蚀作用。

为什么要冲洗墙壁呢？是因为墙壁上每天都有大量的鸟粪。

为什么有那么多的鸟粪呢？因为大厦周围聚集了很多燕子。

为什么会有那么多的燕子呢？因为墙上有很多燕子爱吃的蜘蛛。

为什么会有那么多的蜘蛛呢？因为墙上有蜘蛛喜欢吃的飞虫。

为什么会有那么多的飞虫呢？因为墙上的尘埃最适宜飞虫繁殖。

为什么墙上的尘埃最适宜飞虫繁殖呢？因为墙上的窗户经常开着，阳光充足……

由此发现解决这个问题的办法其实很简单，只要经常拉上窗帘就行了。

当人们处理问题的时候，若能透过重重迷雾，追本溯源，抓住事物的根源，往往能够收到四两拨千斤的功效。就如杰弗逊纪念大厦出现的裂纹，只要拉上窗帘就能节省几百万美元的维修费用，这是很多人始料不及的。

在管理遇到问题、陷入重重迷雾的时候，人们真的能找到这个"窗帘"并拉上它吗？

现实情况可能并非每个人都能找到！相反，人们发现还会有很多人只是在干着"洗鸟粪"的活！

人们看到的事物并不是它本身真实的样子，所以，不要仅看事物表面，还要不断探究才会发现问题的根本。

冰激凌和汽车的故事

冰激凌和汽车？乍一听来，觉得两者差别太大，似乎不可能有很大的联系。不过下面的一则故事就是讲述冰激凌和汽车的，而且是真实的。

这是一个发生在美国通用汽车公司的客户与该公司客服部之间的真实故事。

有一天美国通用汽车公司的庞帝雅克（Pontiac）部门收到一封客户抱怨信，上面是这样写的："这是我为了同一件事第二次写信给你们，我不会怪你们为什么没有回信给我，因为我也觉得这样别人会认为我疯了，但这的确是一个事实。"

"我们家有一个传统的习惯，就是我们每天在吃完晚餐后，都会以冰激凌来当我们的饭后甜点。由于冰激凌的口味很多，所以我们家每天在饭后才投票决定要吃哪一种口味，等大家决定后我就会开车去买。"

"但自从最近我买了一部新的庞帝雅克后，在我去买冰激凌的这段路程上的问题就发生了。"

"你知道吗？每当我买的冰激凌是香草口味时，我从店里出来车子就发不动。但如果我买的是其他口味，车子发动就顺得很。为什么这部庞帝雅克在我买了香草冰激凌时它就发不动了，而我不管什么时候买其他口味的冰激凌时，它就像一条活龙？为什么？为什么？"

事实上庞帝雅克的总经理对这封信还真的心存怀疑，但他还是派了一位工程师去查看究竟。当工程师去找这位客户时，很惊讶地发现这封信出自一位事业成功、乐观，且受过高等教育的人之手。

工程师与这位客户的见面时间刚好是用完晚餐的时间，于是两人一个箭步跃上车，往冰激凌店开去。当他们买好香草冰激凌回到车上后，车子果然发不动了。

这位工程师之后又依约来了三个晚上。

第一晚，巧克力冰激凌，车子没事；第二晚，草莓冰激凌，车子也没事；第三晚，香草冰激凌，车子发不动。

这位很有逻辑思维的工程师到目前为止还是相信这位客户的车子对香草过敏。因此，他仍然不放弃，继续安排相同的行程，希望能够解决这个问题。工程师开始记下从开始到现在所发生的种种详细资料，如时间、车子使用油的种类、车子开出及开回的时间……根据资料显示他有了一个结论，这位客户买香草冰激凌所花的时间比其他口味的要少。

为什么呢？原因出在这家冰激凌店的内部设置上。因为，香草冰激凌是所有冰激凌口味中最畅销的一种，店家为了让客户每次都能很快地取拿，将香草口味特别分开陈列在单独的冰柜，并将冰柜放置在店的前端；至于其他口味的则放置在距离收银台较远的后端。

现在，工程师所要知道的疑问是，为什么这部车会因为从熄火到重新激活的时间较短就会发不动？原因很清楚，绝对不是因为香草冰激凌的关系。工程师很快地在心中浮现出问题的答案："蒸汽锁问题。"因为当这位客户买其他口味的冰激凌时，由于时间较久，引擎有足够的时间散热，所以重新发动时就没有太大的问题。但是买香草口味的冰激凌时，由于花的时间较短，所以引擎太热以至于还无法让"蒸汽锁"有足够的散热时间。

在以上这个故事中，购买香草冰激凌有错吗？但购买香草冰激凌确实和汽车故障存在着逻辑关系。问题的症结点在一个小小的"蒸汽锁"上，这是一个很小的细节，而且这个细节被细心的工程师发现了。

生活其实就是由一个个小细节组成的，就好比一幅巨大的画作，上面是由无数的色块、线条组成的。每根线条的好坏其实都间接决定了这幅画作的出色与否。因此，在绘制一幅属于自己的画作时，一定要注意细节，因为细节往往会成为通向成功的钥匙。

在组织管理中更是如此，一个问题的解决会节省百万元，也会浪费百万元，从根本上解决问题可以让组织的发展更高效，是组织发展中关键的核心竞争力之一。毕竟组织发展的过程就是一个不断发现问题、解决问题的过程。

1. 问题解决七步法

问题解决七步法是我们在实践中不断探索与积累而成的一个有效的问题解决工具，如图4-1所示。以下以一个领导者面临的问题为例，从问题的定位、分析、解决等方面来展开介绍该工具的使用。

7．总结提升

6．跟进执行

5．反馈完善

4．落实行动计划

3．提出解决方案

2．分析原因

1．定位问题

图4-1　问题解决七步法

第一步　定位问题

如何理解问题呢？先介绍一个公式：目标－现状＝问题。如果没有目标（理想状态）就看不到问题。在描述问题的至少要考虑三个因素：目标、现状和问题。

问题不是事实，不是一种判断，也不是原因或后果，而是现状与目标的差距。

【案例应用】

某公司的区域经理遇到的问题是：如何激发团队全力以赴地朝着5 000万元的目标努力！

一开始，这位经理是这样描述问题的：

（1）目标太高（根本完不成）；

（2）现在我们的目标缺口还有5 000万元；

（3）目标实现渺茫（完不成干脆就放弃算了）；

（4）人员流失，不知道怎么办好；

（5）有些人士气非常低落，对完成目标没有信心；

（6）一个新人的成长要一年的时间；

（7）……

问题不是事实，有时是人们的一种判断或感受（压力很大，士气低落，没有信心）。合适的问题描述是什么样子的呢？

合适的问题描述至少包括两个要素：一是期待的目标，二是达到目标的差距。

结合两个要素与该经理沟通后他的问题的合适描述是：

要达到1亿元的销售收入（目标），目前还有5 000万元的缺口（现状）。

我期望团队成员朝着5 000万元的目标全力以赴，即使有问题也可以和我沟通以获得支持，但现在新老员工情况不同，齐心协力、全力达到目标的信心与动力不足（问题）。

第二步 分析原因

在分析原因这个步骤中重点基于肯·威尔伯的"四大象限"理论来展开延伸应用。

肯·威尔伯是美国著名心理学家、整合学家。在他所提出的理论中，被引用最多的就是"四大象限"理论。"四大象限"理论是他有力地描述万事万物的新工具之一。"四大象限"理论是用以全面描述"全子"的理论。所谓"全子"，是指宇宙间所有的存在物。

肯·威尔伯提出，每个"全子"都可以从四个方面来描述，即心理、行为、文化、社会。这四个方面也就是"四大象限"。它们对于描述"全子"的意义是不一样的。"四大象限"理论含广度、深度和高度于一体，立论严谨，可以说是无所不含，既具有宏伟、整体的展现，又兼顾微观、局部的描述。以下结合实践应用就问题的原因从四个方面展开分析，以更全面地分析原因。

【案例应用】

问题：经理期望团队成员朝着5 000万元的目标全力以赴，即使有问题也可以和他沟通以获得支持，但现在的问题是新老员工情况不同，团队齐心协力、全力达到目标的信心与动力不足。

以下使用肯·威尔伯"四大象限"理论分析原因，如表4-1所示。

表4-1　使用肯·威尔伯"四大象限"理论分析原因

项目	内部因素	外部因素
个体原因	1．新员工较多，能力欠缺，影响成功率； 2．价值观：我是新人，你肯定得给我一年的机会成长； 3．知识：新人的培养在前半年参差不齐，基本的行业技术掌握不够（下半年改善起来）； 4．表现得没有自信	1．工作方式不同； 2．新员工较多，能力欠缺； 3．对公司的解决方案和服务价值理解不够，需要学习
群体原因	1．公司的产品问题； 2．任务的下发问题； 3．资源的匹配问题（产品问题，售前问题，没有二级主管等）； 4．人员偏新，新员工要有成长的时间与机会； 5．领导者自己的信心与决心不足	市场与环境： 1．竞争对手发力比较迅速，市场投入大； 2．政策因素对新项目上线造成延迟

从表4-1的"四大象限"理论的分析中领导者觉察到的根本原因是：新人的观念与知识和技能欠缺。

第三步　提出解决方案

在提出解决方案这一步，运用"迪士尼创新策略"来探究解决方案。邀请这位经理分别扮演三个角色——梦想家、批判家、实干家，来拓宽思路，发现新的、有效的解决方案。

（1）梦想家：如果没有任何资金、人员、时间投入的限制，有哪些解决方案？

与员工交心谈；给员工描绘愿景；分解目标并辅导；教会情绪管理

的方法；带着大家外出团建；给员工进行培训；陪新员工一起拜访客户；树立榜样；老带新，发挥老员工作用；分析完成任务的可能性；赢得公司更多的资源支持；请领导针对个别有影响的人交心谈并进行鼓舞……

（2）批判家：有哪些方案存在着风险、考虑不周全、没有可行性？

带着大家外出做团建……

（3）实干家（利用收益—成本矩阵进行分析，选择三个解决方案）：哪个方案可以具体实施并可以从根本上有效解决问题？

根据收益—成本矩阵选出的三个最佳策略，如图4-2所示。

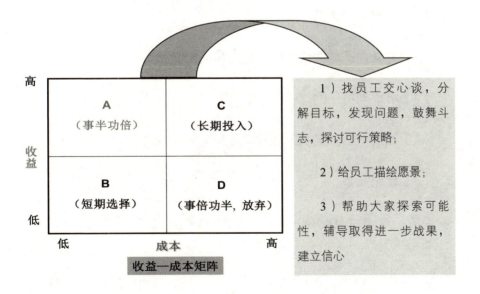

图4-2 根据收益—成本矩阵选出的三个最佳策略

运用收益—成本矩阵进行评估，找出可实施的三个最佳策略是：

1）找员工交心谈，分解目标，发现问题，鼓舞斗志，探讨可行策略；

2）给员工描绘愿景；

3）帮助大家探索可能性，辅导取得进一步战果，建立信心。

第四步　落实行动计划

制订实施计划（在接下来的一个月里可以做的）的5W2H，如表4-2所示。

第五步　反馈完善

（1）听取领导意见；

（2）与其他有类似情况的区域人员进行交流探讨；

（3）听取老员工的想法；

（4）推演一下方案执行后对问题解决的满意度；

（5）优化完善。

完成实施计划/优化解决方案，如图4-3所示。

表4-2　制订实施计划的5W2H

项目	What 任务/事项	Why 成果	Who 负责/协助	When 开始与完成时间	Where 在哪里	How much 资源投入/费用	How 如何保障成果取得
1	找员工交心谈	让大家清晰目标，有效分解，缓解压力，激发信心与动力	自己	下周完成所有人的交心谈	会议室	时间投入	提前做好准备： （1）将目标先分解好； （2）对每个交心谈的员工绩效达成情况梳理出一个清单； （3）制定沟通目标与策略
2	召开好项目盘点会与分享会	鼓舞、激发大家朝着目标全力以赴；头脑风暴，运用团队智慧学习成功经验；清晰策略，制定策略，落实行动计划	自己/直接领导/分享人	18日之前	找一个放松的环境或将会议室换一个新面貌	买些甜点，准备彩笔、大白纸	提前做好准备： （1）公布会议目标，请大家提前准备； （2）运用团队教练的方式引发大家联想：如果目标实现了会带来什么价值与影响？把握了哪些策略，实现了什么目标让目标实现？现在需要突破开始就做的是什么？如何保障让理想的结果发生； （3）经验分享者提前做好准备
3	有重点地联合拜访	……					

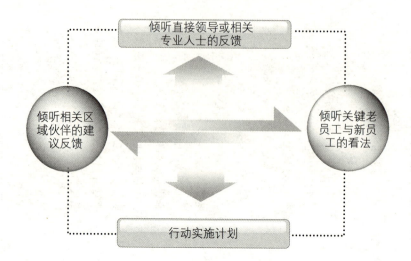

图4-3 完成实施计划/优化解决方案

第六步 跟进执行

根据行动实施计划采取行动。

第七步 总结提升

运用复盘五步法进行总结提升。

（1）第一步：回顾计划目标是什么？

（2）第二步：澄清实际结果是什么？

（3）第三步：差异是什么？

（4）第四步：差异产生的促进或阻碍因素是什么？

（5）第五步：未来怎么样可以做得更好？

2. 内部私董会

"企业内部私董会"是我们在私董会的基础上结合实践而形成的帮助领导者，以及团队有效解决问题的又一有力方式，以下分享"企业内部私董会"的相关应用。

（1）"内部私董会"的问题解决原则。

1）相近开放性原则。

私董会要解决和处理的问题是参与者都可能面临的尖锐、核心、综合的问题，而非某一方面的、专业性的问题；私董会所能提供的帮助具有个性化和实质性，致力于解决问题，并促进行动。

2）非利益冲突原则。

避免可能的利益冲突，私董会的成员应当有着类似的角色、职能，以及团队的发展阶段等。

3）保密原则。

私董会的交流有可能涉及一些秘密，私董会成员和主持人或教练都应当遵守保密的原则。要将问题持有者需要参与者保密的信息予以保密。

4）平等原则。

私董会成员之间的地位是平等的，在私董会的活动当中应当遵循公认的议事准则，以求得最广泛、坦诚的意见和最高的议事效率。

5）教练原则。

私董会的展开需要一名了解相关规则与教练技术的资深人士来担任教练角色，承担引导私董会成员交流、思考、学习和解决问题的责任，帮助参与者快速实现个人和团队的成长。

6）实用原则。

私董会关注的是如何解决管理现实当中的实际问题。成员讨论的是实际问题，分享的是实际问题，最后要解决的也是实际问题。对于实际问题，使用苏格拉底式的对话方式能够将问题的关键和细节展现出来，问题的最终结论永远是开放式的，永远还有值得进一步总结和探讨的空间。

（2）"内部私董会"的会议流程与操作步骤。

1）提出问题议案。

主持人/教练先让每个参会的成员提交一个"问题议案"，即想要讨论的话题是什么？要求这些"问题议案"必须是目前正在困扰这位参会成员的真实问题。

第一步　每个人写下一个目前最想解决的具体问题。

- 不是假设性的问题，而是你很想解决、感到困扰的实际存在的具体问题；

- 问题不超过20个字；

- 标准格式：我该如何解决_____？

- 例如：

我该如何解决离职率居高不下的问题?

我该如何解决与其他部门沟通有障碍的问题?

我该如何解决新产品开发上市总是不成功的问题?

……

- 规则:撰写过程中,不得与其他人讨论或有任何发言。

第二步　以小组为单位,每个人宣读问题。小组选择最感兴趣的问题。

- 依照顺时针,每个人宣读一次自己写下的问题。

- 全部人宣读完后,各小组投票选出一个大家最感兴趣的问题。

- 每个人拥有两票。

- 每个人只能对一个问题投一票,不能投给自己。

- 不是每张票都要投的。

- 规则:在宣读过程中,其他人不可以提问、讨论或有任何发言。

2)共识表决。

由各位参会成员表决,选出大家都感兴趣的话题,通常以投票方式产生,以得票最多的为准。

3)问题阐述。

由提出那个问题的参会成员作为"问题持有者"，向各位参会成员详细阐述自己面临的具体问题。阐述问题的标准格式是："我的问题是_____？这个问题是重要的，因为_____，到目前为止，为了解决这个问题，我已经做了_____，我希望小组能帮到我的是_____。"这个标准句式的作用是为了让问题变得更加清晰，"问题持有者"要用这个句式阐述自己的问题。

第一步　问题持有者：准备问题的初步描述。

- 小组投票选出的最感兴趣问题，该问题的提出者，即"问题持有者"。

- 请"问题持有者"根据以下三点标准格式，描述问题：

  a. 这个问题很重要，因为_____

  例如，这个问题如果不解决，我的新产品无法准时上市。

  b. 为了解决这个问题，我已经做了_____

  例如，为了解决新产品上市的问题，我要求项目组成员周末都来加班。

  c. 我希望_____（具体目标）

  例如，我希望在12/25日圣诞节前让新产品完成测试并上线。

- 规则：在准备过程中，其他人不可以提问、讨论或有任何发言。

第二步 "问题持有者"描述问题。

- 请"问题持有者"坐到小组最前方，面对大家，根据问题阐述中的标准格式描述问题。

- 规则：在描述问题过程中，其他人不可以提问、讨论或有任何发言。

4）提出问题。

由其他参会成员向"问题持有者"提问，帮助他明确真正的问题，在这个阶段参会成员只能提问，"问题持有者"也只能就问题做出回答，不得任意发挥。这个环节很有挑战性，也是最有价值的。主持人/教练会引导其他成员不断提问、层层剥开问题表象，抵达问题的本质，挖掘真问题、抛弃伪问题，并让"问题持有者"重新澄清问题。对问题的甄别和澄清往往是解决问题的重要一步，往往是"问题持有者"的思路变得清晰了，答案也就基本找到了。

第一步 问题准备。

其他小组成员准备寻找"根本问题"——每个人写下3～5个"开放式"问题。

- 每位小组成员参考5W2H提出"开放式"问题，目的是通过"开放式"问题找出根本问题

- 5W2H的开放式问题的举例，如表4-3所示。

表4-3　5W2H的开放式问题的举例

What	什么	有什么样的落差？有什么影响、冲击？目的是什么？做什么
Who	谁	发生在谁身上？谁受到了影响？谁是关键人？由谁负责，谁承担
When	什么时间	何时发生的？何时是最关键的？什么时候开始？什么时间完成？什么时机最合适
Where	哪里	在哪里发生的？影响的范围是什么？从哪里入手？
Why	为什么	如何发生？是什么原因没有控制住？为什么要这么做？理由是什么
How	如何	怎么做？如何提高效率？如何实施？策略/方法为何？如何保障计划的执行？
How much	多少	损害的程度为何？要多少资源？有多少效益？做到什么程度？如何保障

- 规则1：在思考开放式问题时，小组内不可以提问、讨论或有任何发言。

- 规则2：禁止提出"封闭式"或"诱导式"或"质询式"的问题。

　　例如：是不是……；有没有……；如果……；为什么不……；有没有考虑过……

- 规则3：禁止给建议、解答。

第2步　首轮提问：5W2H的提问。

- 提问规则。

①顺时针，依序由每个人向"问题持有者"提问。

②一次只能提出一个开放式问题（5W2H），不可追问。如果需要追问或澄清，请到下一次轮到自己发言时提问。

③不可提出"封闭式"或"诱导式"问题，或者给建议、或者解答。

④没有问题时，举手跳过。

⑤如果规定的时间没有到，主持人可以再继续组织按顺序提问。

- 运作规则。

选出一名"纪委"，有人提出"封闭式"或"诱导式"问题时，或给建议，或解答，或任意提问时，立刻提醒并且禁止。

5）澄清问题。

经过一轮的问答之后，"问题持有者"重新修正自己面临的问题，这个时候问题往往比以前更加清晰、聚焦。

第一步　"问题持有者"根据第一轮提问重新修正自己的问题，并进行修正后的问题描述。

- 请"问题持有者"根据问题阐述中的标准格式重新描述问题。

第二步　参考表4-3给出的4W方向（也可用5W2H）进行第二轮提问。

- 4W开放式问题的内涵，如表4-4所示。

表4-4　4W开放式问题的内涵

What else	还有什么原因？还有什么可能性
Which/so What	哪个最关键/那又如何呢（真的重要/是这样吗）
What if	假如……（我们尝试不同方式或情况不同…）
Why not	为什么不……呢

提问规则。

- 顺时针，依次由每个人向"问题持有者"提问。

- 一次只能提出一个5W2H的问题，不可追问。如果需要追问或澄清，请到下一次轮到自己发言时提问。

- 不可给建议、解答。

- 没有问题时，举手跳过。

- 有人或给建议，或解答时，或任意提问时，"纪委"立刻提醒并且禁止。

第三步　写下根本问题。

- 除"问题持有者"外，每位小组成员，根据两轮提问的信息，重新写下根本问题。

- 标准格式：我认为根本问题是_____

- 不要超过30个字。

- 规则：此时不许有任何提问、讨论或有任何发言。

第四步　界定根本问题。

- 依照顺时针，每个人宣读一次自己写下的"根本问题"。

- 规则：在宣读过程中，其他人不许有任何提问、讨论或有任何发言。

- 全部人宣读完后，各小组投票选出一个大家认为"最有可能的根本问题"。

- 由"问题持有者"总结确认"根本问题"。

6）分享建议。

　　由其他参会成员向"问题持有者"给出具体可操作的建议，最好是自己曾经亲历的经验和心得，或者是觉得可行的创新性策略。通过参会成员自身的现身说法，给"问题持有者"提供一些切实可行的建议，帮助他们开阔思路，寻找新的解决方案。通过这种推心置腹的讨论，还能建立信任和友情。

步骤与规则。

- 依照顺时针，每个人针对"问题持有者"的"根本问题"给出自己切实可行的建议。

- 规则：在分享过程中，其他人不得私下讨论或有任何发言；所有参会成员必须给出自己的建议。如有和前边的发言者类似的建议，可以简单、直接地表达自己的观点，然后换下一位分享。

7）总结分享。

由"问题持有者"对会议的讨论成果进行总结分享，给出接下来改进问题的步骤和时间表，最后表达自己在会议中最大的收获是什么，以及未来还有哪些可以改进的地方。

步骤与规则。

- 分享接下来改进问题的行动计划（参考5W2H，包括做什么、什么时间等）。

- 分享自己在会议上的最大收获和最想要做出的改变。

- 最后，其他参会成员用一两句话分享自己的收获。

- 主持人宣布会议结束（感谢与鼓舞）。

- 规则：问题持有者的总结与行动计划分享要具体、可操作（参考5W2H）；其他参会成员要保持真实、坦诚。

8）成果反馈。

下一次私董会时，"问题持有者"会向小组参会成员汇报他在过去一段时间的实施进展，并征求下一步的建议。

领导者思考力满意度评估，如表4-5所示。

表4-5　领导者思考力满意度评估

关键特征	具体行为	自评	领导评	下属评
1. 战略思维	（1）系统思考，全局规划； （2）志向远大，面向未来； （3）做事以终为始，谋定而后动			
2. 创新思维	（1）不断突破自我局限，多视角看待问题； （2）勇于挑战、敢于尝试，探索更多可能性； （3）围绕价值创新，提出与众不同的解决思路			
3. 问题解决	（1）及时发现问题并从根本上思考如何解决； （2）把握问题本质，并探询最优解决方案； （3）对过程与结果进行复盘并持续改进			
备注	根据自己的理解从三个视角对满意度进行打分；1分为最低，10分为最高			

第5章

激发力实践修炼

> 你把诚信列为第一法则，是十分明智的，也是完全正确的。领导者可以受人爱戴和欢迎，甚至能力出众，这些当然都很好，但如果他缺乏诚信的品质，那么他就不适合当领导者。
>
> ——彼得·德鲁克

5.1 诚信正直是激发的基石

风与太阳

有一天，北风轻轻地吹着，太阳暖暖地照着。北风与太阳不知何时争吵了起来，北风说："我的能量比你大，你看我吹一口气所有的东西都要摇晃。"太阳说："我的能量比你大，你看我给他们光亮和温暖。"于是他们决定，谁能使行人脱下衣服，谁就胜利了。

于是，北风猛烈地刮，想要把行人的衣服刮掉，结果，路上的行人紧紧地裹住了自己的衣服。风刮得更厉害了，行人冷得发抖，便添加更多衣服。风不管怎么使劲地刮，行人就是不脱衣服。风刮得很累很累了，对太阳说："你来试试吧，我想看看你有多厉害。"太阳先把温和的阳光洒向行人，行人觉得好暖和，就脱掉了添加的衣服。北风看见了，就对太阳说："你真厉害，这么容易就让行人把衣服脱了！"

以上这个故事让人们看到：对于同样的期待或渴望实现的目标，运用的方式不同，产生的结果也会不同。这就像领导者在与团队成员的互动中运用不同的方式也会带来不同的结果一样。如果你希望员工朝着你想要的方向前进，那么运用强势的、带给人痛苦的方式不如运用温暖的、激发他人的方式更有效。

在组织管理、人力资源开发与管理工作中，越来越多的组织和领导者意识到要更好地以人为本，要从传统的"告之""命令""控制"的领导模式向新型的领导模式转化。新型的领导者富有同理心，正直和客观，相信员工有创造力，并具有迈向成功的资源且可以自我负责。同时，能够在大多数情况下愿意采取一种因地制宜、因人而异的方式领导员工，给员工赋能，激发员工潜能。激发力慢慢地成为一位高绩效的领导者需要具备的核心能力之一。

激发力是指文化塑造、激发卓越、赋能团队的能力。一个高绩效的团队离不开团队成员朝着目标前进的激情投入，以及每个人的优势发挥、在遇到任何困难与挑战时的勇敢与坚持和领导者的以身作则等。一个没有合力、死气沉沉的团队是无法成就卓越的，只有激情四射的团队才有可能创造一个又一个的奇迹。一名优秀的领导者必须懂得如何激发员工的工作激情，以及朝着目标前进的持续奋斗精神。正如美国著名的领导力专家詹姆斯·库泽斯所说："领导力的核心是对人的关心和激励，是心与心的沟通与互动。"这是他经过20多年的潜心研究，通过对数千个领导力案例的深入剖析所得出的结论。这和我们提出的关注团队文化塑造，创建高绩效氛围；激发团队成员每个人的卓越性，尊重个性与独特；给团队注入活力，保持正能量，给团队赋能的思考不谋而合。

如何提升领导者的激发能力，更有效地在组织中激发个人与团队的潜力？领导者首先要与员工和团队建立良好的伙伴关系，在这种关系中信任是基石，而领导者诚信正直的品质是建立信任的关键因素。当人们信任一个人的时候人们会有更多的倾听与表达、更多的行动愿望和协作。

在我们服务过的企业中，有这样一位领导者给我们留下了深刻的印象。在项目开始前的访谈中，我们从不同的维度听到大家对这位领导者非常好的评价，说他带的团队的业绩不仅非常好，而且团队凝聚力也很棒。在这个企业高速发展的时期，很多区域的业绩目标都是非常有挑战性的，无论是领导者还是团队成员都感受着前所未有的压力。几乎一半区域的已完成目标与业务目标之间的差距较大。但是为什么这位领导者能够带领团队完成业务目标？我们带着好奇约谈了这位领导者。经过交流，我们发现了其中的秘密。我们在他身上感受到三个非常突出的品质。一是诚信守诺，有诺必行；二是正直真诚；三是相信员工，擅于激发与授权。

例如，在他的分享中我们知道了他与团队中的每位员工一个月至少有一次深入的谈话，他会听他们取得工作成果时的感悟，听他们面临的困惑与挑战，听他们对未来自己职业发展的思考及渴望的支持等。同时，他会结合实际情况和销售团队成员一起拜访客户，并且在拜访客户的过程中培养团队成员的能力，帮助他们从学习和成功中建立更多自信，更有动力朝着目标去努力。我们访谈的几位团队成员一致反馈，这位领导非常擅于发现他人的优势，并努力在工作中创造机会助其发挥。说他不轻易承诺，承诺了就全力兑现。

如果邀请你和我们一起想一想，你会发现身边不乏具备上述特质的领导者，他们不仅具备带队伍打仗的能力，更富有激发团队、凝聚团队的卓越品质与人格魅力。"诚信正直，有诺必行"是领导者成就卓越的基石。

一个诚信正直的领导者在工作场所中能够表现出如下行为：他们实事求是，客观公正，不弄虚作假；他们能够保守秘密，尊重他人隐私；他们言行一致，注重信誉，他们所说的正是他们所做的，他们所做的也是他们所说的；他们不轻易承诺，一旦承诺就会全力兑现，如果因为客观原因而不能履约承诺，他们也会有勇气说出自己的想法并积极探索新的可能性并与对方共识重建新的承诺；他们所采取的行动与自己所相信的价值观一致；他们能够严格自觉地遵守公司的规章制度及国家的相关法律法规，能够勇敢揭露和制止所发现的不诚信行为。

诚信正直不仅是一位领导者的优秀品质，也是很多企业引领员工去践行的价值观。当一位领导者拥有诚信正直的品质并能够在实际工作中保持言行一致时，这本身就是对员工的一种积极影响与感染。

管理学大师彼得·德鲁克认为："你把诚信列为第一法则，是十分明智的，也是完全正确的。领导者可以受人爱戴和欢迎，甚至能力出众，这些当然都很好，但如果他缺乏诚信的品质，那么他就不适合当领导者。"从大师的视角也可以看到领导者的诚信对于激发团队创造卓越绩效产生的关键影响。

5.2　以身作则是最好的领导方式——激发力的三大修炼

> 领导者的行动应该和言语保持一致。归根结底，人们更相信领导者的行动，而不是他们所说的话。
>
> ——库泽斯和波斯纳

联想集团创始人柳传志在2012年2月的加州大学伯克利分校的主题为"联想集团国际化之路"的演讲中着重强调了联想集团（以下简称"联想"）"以人为先"的理念，更是以联想美国总部的一句标语"以身作则不只是一种重要的激励员工的方式，还是唯一的办法"为例，来说明联想的竞争力是如何形成的。

著名的领导力专家库泽斯和波斯纳在提及领导者对员工的影响时也认为："领导者的行动应该和言语保持一致。归根结底，人们更相信领导者的行动，而不是他们所说的话。"

我们在多年的服务实践中也深深地感受到，一个高绩效团队的领导者的一言一行都在对员工产生着影响。如果你希望员工是什么样子的，你就要率先垂范，以身作则地做出表率，勇于成为员工的榜样。

那么，领导者要在哪些方面投入精力可以更有效地激发员工热情，并且推动其朝着目标持续地奋斗呢？领导者可以从文化塑造、激发卓越、赋能团队三个方面来有力提升自己对团队的激发力。

文化塑造——每个人心中的标尺

【文化塑造：意识到环境对人的影响，并以身作则，持续传递正能量；保持正直、诚信、乐观、实事求是的态度；努力营造自主、思考、激发、合作与执行的文化。】

首先来看一个案例。2014年6月，百胜餐饮集团（以下简称"百胜"）的CEO大卫·诺瓦克在美国奥兰人力资源年会上做了一个与众不同、鼓舞人心的主题演讲，演讲的题目是"一只橡皮小鸡和照片的有趣故事"。

百胜是全球大型的餐饮集团，在全球110多个国家和地区拥有超过35 000家连锁餐厅和100多万名员工。其旗下包括肯德基、必胜客、小肥羊等大家熟悉的品牌。相信很多人都熟悉它并是它的客户。诺瓦克和大多数受过高等教育的CEO不同，他没有上过商学院或拿过MBA文凭，但他是赏识文化的开创者与推动者。当他临危受命出任肯德基总裁时，当时的肯德基销售业绩不断下滑，员工士气很低落，他迫切地感受到需要一些特殊的方法来改变这种业绩下滑的局面。

有一天，他突然想起了在百事可乐工作时学到的一个有效方法，那就是创造一种"有趣表扬他人"的方法。于是，每次当他听说哪位员工应该得到表扬时，他就会给那个人一个签有自己名字、带有编号的橡皮小鸡，以及100美元的个人奖励。同时，他的颁奖流程也是别出心裁，他会与每位获奖者合影，然后把照片寄给他们，同时把合影照片贴在他的董事长办公室墙上。后来，由于他表彰的人数和次数实在太多了，他办公室的四面墙壁乃至天花板上都贴满了照片。用他自己的话说："人们喜欢来我的办公室，我希望他们看到这家企业最重要的就是人！"

也许是因为这个认可他人的方式太过独特，大家都很喜欢这种认可方式。就是这样一个小小的橡皮小鸡和合影，让员工经常感动得泪流满面。通过这种方式带来的欢笑和泪水，从情感上激发了大家，员工的悲观情绪得到了扭转，公司的满意度也不断提高，业绩从此进入新的增长期。此后10年，股票市值年均增长率达到16%以上，2012年《首席执行官》杂志将诺瓦克评选为"2012年度最佳CEO"。

诺瓦克在多年的企业管理经历中发现，当员工的奉献得到赏识，感受到自身的价值所在时，他们就能够解决任何难题，实现创新、知识共享和团队协作。当他意识到这一点并用行动坚持去认可他人的贡献时，一种激励人心的文化氛围便被逐渐建立了，员工在这种认可与表扬的氛围中激情满满，工作表现的改变不言而喻。

是什么影响着绩效？是组织文化。是什么影响着组织文化？是领导者风格。核心领导者的所愿、所想、所为构成了一个团队及组织文化的核心。正如很多人认为的："企业文化是企业老板性格的外延。"企业文化就如一个标尺让员工知道什么思想和行为是被提倡的，什么思想和行为是被反对的。

对于企业文化的诠释有很多个版本，美国学者约翰·科特和詹姆斯·赫斯克特认为，企业文化是指一个企业中各个部门，以及至少是企业高层管理者所共同拥有的那些企业价值观念和经营实践；是指企业中一个分部的各个职能部门或地处不同地理环境的部门所拥有的那种共同的文化现象。

企业文化之父埃德加·沙因博士认为："文化是一个特定组织在处理外部适应和内部融和问题中所学习到的，由组织自身所发明和创造并且发展起来的一些基本的假定类型，这些基本假定类型能够发挥很好的作用，并被认为是有效的，由此被新的成员所接受。真正的文化是隐含在组织成员中的潜意识，而且文化和领导者是同一硬币的两面，当一个领导者创造了一个组织或群体的同时就创造了文化。"

我们认为企业文化也称组织文化，是由四个层面组成的。一是理念文化，即组织的愿景、使命、价值观及经营管理等相关理念；二是制度文化，包括承接理念文化的相关管理制度与考核机制等；三是行为文化，包括管理者及普通员工的行为准则；四是标识文化，包括企业的标识（Logo）、工作场所标识、典礼或仪式等。组织文化是组织的灵魂，是推动组织发展的不竭动力。在组织文化中，理念文化又是其中的灵魂。

詹姆斯·柯林斯认为，目光长远的公司内部都有一个共同的核心价值观。"高瞻远瞩的公司小心地保存和保护核心价值，但是核心理念的所有表象都可以改变和演进。"他认为，最重要的是不要把核心理念与文化、战略、战术、政策或其他非核心的做法混为一谈。

日久年深之后，文化标准必须改变，策略必须改变，产品线必须改变，目标必须改变，权限必须改变，管理政策必须改变，组织结构必须改变，奖励制度必须改变。到最后，公司如果想成为高瞻远瞩的公司，唯一不应该改变的是核心理念。可见，理念文化对于一个组织的持续发展、基业长青的重要意义。

随着社会的进步与时代的发展，组织的生存环境发生了巨大的变化，管理方式也从经验管理、制度管理、流程管理，慢慢演进到愿景管理，也就是管理人们的思想，这也是激发员工释放潜力、发挥创造力、创造卓越绩效的重要方式。当一个组织清晰了自己的愿景、使命、价值观及经营管理理念时，组织便找到了其发展的动力源泉。当一个人清晰了自己的愿景、使命、价值观及行为准则时，便找到了他的激情所在。愿景、使命、价值观等理念文化是组织文化的灵魂。

著名的企业家、哲学家、慈善家稻盛和夫提出的企业成功的公式及企业成功的12准则属于理念文化，而且这种理念文化已经落实到了企业经营管理的方方面面，这是产生激发与引领作用的很好例证。中国著名教育家、国学大师季羡林先生曾经这样评价稻盛和夫，他说："根据我七八十年来的观察，既是企业家又是哲学家，一身而二任的人，简直如凤毛麟角，有之自稻盛和夫先生始。"不难看出季羡林先生对稻盛和夫先生的高度评价，尤其是评价稻盛和夫集企业家和哲学家于一身的观点，这使人们从另一个角度联想到稻盛和夫经营企业的成功不仅在于其对商业本质的把握，也在于他对人性，以及做人、做事方面的独特思考带来的影响。

有人说经营是科学，有人说经营是艺术，但稻盛和夫把经营与哲学相结合，创造了"经营哲学"这个词汇。稻盛和夫是人类企业经营史上第一个明确提出用哲学来经营企业的企业经营者。稻盛和夫的经营哲学的核心是"把作为人应该做的正确的事情以正确的方式贯彻到底"。在这种哲学的指引下，稻盛和夫赤手空拳创建了京瓷和KDDI两家世界500强企业。2010年，年届80岁的他再度出山，让濒临破产的日本航空公司在不到500天的时间内迅速恢复生机。稻盛和夫的经历让精神与文化的力量清晰可见。

稻盛和夫认为，在一个组织的发展中，人是核心因素，一个人的成功又与三个因素有关，即"人格·理念""能力""努力"。他的成功公式为"成功 = 人格·理念 × 能力 × 努力"。在这个方程式中的"能力"，按稻盛和夫的解释来说，主要是指先天的智力和体力，包括健康、运动神经等。既然属于天赋条件，自己就无法负责。这种"能力"有个人差异，用0到100分来表示。

"努力"（或称"热情"）因人而异。从饱食终日、无所事事的懒汉到忘我工作的模范，也用0到100分来表示。但这个"努力"与上述"能力"不同，不是先天的，可以由自己的意志决定。

然而三者中最重要的是"人格·理念"，它是矢量的，有方向性，从负100分到正100分。

一个人能力越强，热情越高，但如果他一味地以自我为中心，损公肥私，损人利己，或者他的价值认知与规律和社会价值严重冲突，那么他的人生就是很大的负数，并可能给他人和社会造成很大损害。这样的例子，在古今中外屡见不鲜。

如果举例来说，一个天资聪明又很健康的人，"能力"可打90

分。但他自恃聪明、不思进取，"努力"只能得30分。那么两者之积：90×30=2 700分。

另一个人天赋差些，"能力"只评60分，但他笨鸟先飞，特别勤奋，"努力"可打90分。这样他的乘积为60×90=5 400分。后者得分比前者高一倍。就是说，天资一般而拼命努力的人，可以比天资优良而不肯努力的人取得大得多的成就。

稻盛和夫认为，"能力"和"努力"的重要性众所周知，但人生道路上最重要的是"人格·理念"，即哲学。在企业，人格和理念就是企业文化。

管理大师詹姆斯·柯林斯认为所有伟大的公司都是"务实的理想主义者"，他在《基业长青》中写道："利润是生存的必要条件，而且是达成更重要目的的手段，但对很多高瞻远瞩的公司而言，利润不是目的，利润就像人体需要的氧气、食物、水和血液一样，这些东西不是生命的目的。但是，没有它们，就没有生命。"在伟大的公司里，利润至上的追求，即共同的愿景与价值观是必须要有的，但对于很多中国的组织来说并没有意识到企业文化的真正作用，"利润至上的追求"不明确、不具体，甚至很多都是空洞的口号。对于如何清晰企业文化并发挥其真正的作用是很多组织及领导者的挑战。

在组织中，当一位领导者能够关注文化的建设与传承，关注人的潜能与人的状态，而不仅只关注业务与市场时，领导者便可以更有效地从根本上激发员工的动力，点燃他们为愿景而奋斗的激情，让团队和组织更有活力。就像在任正非先生不断倡导的"以奋斗者为本，以

客户为中心"的理念引领下，华为人创造了令世人瞩目的一个又一个
奇迹一样。

　　既然文化塑造是释放员工潜能，激活组织活力，推动组织发展的
强大激发力量，那么领导者可以运用书中分享的愿景、使命、价值观
的探索工具来清晰组织的理念文化，让组织的灵魂显性化。同时，领
导者要将理念文化落实到组织的相关制度与行为准则中。领导者要以
身作则，持续传递正能量；在保持正直、诚信、乐观、实事求是的态
度上率先垂范；努力营造和带动员工一起去践行自主、思考、激发、
合作与执行的文化，从而更好地激发员工，激活组织，推动组织的持
续发展。

激发卓越——发现真实的领导力

　　【激发卓越：擅于发现自己与团队成员的优势与卓越性；相信每
个人都有独特性且资源具足；能够运用有效方法激发团队潜能，创造
卓越表现。】

　　在我们服务过的组织中有这样一位领导者，他是一位上市公司的
总裁，公司有近5 000名员工。在我们进行领导力训练项目时，感受到
在这位领导者身上有非常突出的几点优势：他擅于学习并乐于将所学
分享给团队，更是选择把有价值的理念与方法应用在实践工作中；他
具有创新意识和战略眼光，才思敏捷，行动迅速，无论是引入教练及
文化建设的项目还是在组织发展的战略规划与部署上，或者在产品与
服务的创新方面都表现出他的这些卓越性；他在用人及发挥人的优势
上更是有着卓越的表现，他不仅培养自己识别员工天赋优势的能力，

还会培养他的核心团队去识别员工天赋优势的能力，并且根据一个人的潜力与天赋，以及经验、能力、知识结构等综合因素来用人和培养人；针对自己不擅长的地方他会直接表达，并善用周围的资源来协同达成。在整个项目实施的过程中，我们经常听到员工说他是一位具有人格魅力的领导者。

提及人格魅力你会想到哪些领导者呢？这些具有人格魅力的领导者又有哪些特征呢？你会想到创新、务实、同理心、包容、大爱、追求卓越、坚持等。你还会想到这位领导者表里如一，言行一致，他们所说的就是他们所做的，他们相信自己所说的话并全力做到；他们有清晰的价值观并基于自己的价值观做决策，用行动来践行自己的价值观，维护自己的信念；他们尊重自己的内心也尊重他人的真实意图与价值观，他们接纳并相信自己、保持自信并积极为"成为更好的自己"做他人的榜样；他们运用"只让他人做他自己也愿意做的事"的领导力黄金法则来领导员工，他们自己不愿意做的事也不会强迫员工去做；他们尊重下属，富有同理心；他们关注自己的所言所行，因为他们知道一个人的语言隐含着他的态度、价值观和思维方式。

同样，一个组织的语言方式隐含着组织的文化、结构、制度和关系。组织的语言方式是组织内个体共同建构而成的，反过来，组织的语言方式又在影响着人们的行为和态度，以及他们的价值观。组织内的个体不断探索自己的天赋与卓越性并不断活出自己的生命状态，用自己的生命状态真诚地与他人互动。从很多优秀的企业领导者身上都可以看到，真正的影响力不是源自外部的各种因素，而是源自内心世界，源自他们的内在卓越。

那么如何发现自己真实的领导力密码，在激发自己卓越性的同时看见他人卓越呢？以下介绍一个有效的方法来帮助大家发现自己真实的领导力。

发现真实的领导力密码

你可以找一个安静的时间，准备一张纸和一支笔，坐下来，思考如下问题并将心中的答案写下来。

第一步

倾听你的上级的声音。如果你的上级给你一个反馈，说你身上具备三个卓越特质，那么这三个卓越特质会是什么呢？请将关键词写下来。

例如，真诚、专业、勤奋。

第二步

倾听你的下属的声音。如果你的下属给你一个反馈，说你身上具备三个卓越特质，那么这三个卓越特质会是什么呢？请将关键词写下来。

例如，亲和、有担当、大爱。

第三步

倾听你的家人的声音。如果你的家人给你一个反馈，说你身上具备三个卓越特质，那么这三个卓越特质会是什么呢？请将关键词写下来。

例如，好学、踏实、热情。

第四步

倾听你的客户的声音。如果你的客户给你一个反馈，说你身上具备三个卓越特质，那么这三个卓越特质会是什么呢？请将关键词写下来。

例如，专业、真诚、创新。

第五步

倾听自己内心的声音，你会听到哪三个卓越特质呢？请将关键词写下来。

例如，认真、创新、积极。

第六步

请在以上前五步探索的关键词中选择四个关键词，这四个关键词是你无论在生活还是工作中都一致呈现的卓越性。这四个关键词即为你的真实领导力密码。

例如，真诚、创新、有担当、积极。

第七步

将四个关键词组成一句话。参考句式：我是一位（将所选四个关键词写下来）的领导者。

例如，我是一位真诚、创新、有担当、积极的领导者。

第八步

在实际的工作中对自己的领导力密码保持觉察，并活出这样的状态。你还可以在实践中持续不断地探索与优化自己的领导力，让自己不断活出内在的卓越，发挥自己真实的领导力。

在组织管理中，领导者在关注自我及员工的能力发展时，还需要更多地关注自我内在的天赋优势与卓越性的发挥，能够以人为本，相信每个人都具有无限的潜能，并运用有效的方法助其最大化地释放潜能，成就卓越。

赋能团队——魔法红转绿

【赋能团队：关注团队优势，用愿景与价值引领团队；相信团队的创造力；能够鼓舞团队朝着目标坚定不移地采取持续有效的行动。】

某互联网公司的CEO在他的团队成员眼中是一位认真、严谨、自律、好学、追求卓越的人，大家对他都很佩服，也非常欣赏他能够在工作中带领公司不断地迈上新台阶。在他事事追求完美的严苛要求下，在过去的几年，公司发展得稳健而有序。随着公司近两年的高速发展，公司规模越来越大，从原来的300多人已经发展到近2 000人的规模。在未来两年的规划中公司还会再扩编1 000人。如何让这支大的队伍创造更高的绩效，释放更大的生产力成为这位CEO思考的重要课题。

也正是因为这样的机缘让我们有了合作的机会。经过近一年的合作我们看到了他身上明显的变化。我们在项目复盘的360度访谈中也清晰地得到了他的团队成员对他的反馈。团队成员说他现在不仅关注事还关注人；不仅关注事情的结果还关注过程中员工的培养；不再凡事亲力亲为而是对核心领导团队有效授权；不再不容忍犯错而是鼓舞团队勇敢尝试从错误当中学习；不再挑剔批评、不苟言笑而是有意识地表达真诚的感激与欣赏。

被访的一位前台行政员工举出的一个小例子让我们印象深刻。她说以前的时候CEO每天早晨进公司都是一脸严肃，每次CEO进门时她都会有些紧张。直到有一天CEO带着笑脸走进门，还和她打了招呼，并且表扬她的办公桌干净整洁，文件摆放有序。她说当时以为出了什么问题，就像太阳从西边出来一样。没有想到的是，以后CEO每天走进公司的门都是面带微笑的。她觉得CEO越来越有亲和力了。同时，她还说CEO在公司年会上向大家描绘的公司未来10年的发展愿景，让她备受鼓舞，并为自己是公司的一员而感到自豪。

从赋能团队的角度来看，从上面的企业案例中你会有什么发现呢？相信你会看到一位领导者的改变带给公司和团队的改变是无法估量的，一位领导者的想法及做法对员工的影响也是非常巨大的。领导者在员工的心目中是想起来就害怕的，还是想起来就感受到温暖的呢？不同的感受会带来不同的行为，不同的行为会带来不同的结果。

那么，在一个高绩效的团队中，团队成员会有什么感受呢？假如你是一个高绩效团队中的一员，你会如何回答这个问题呢？你可能会感受到：被信任、被关怀、被尊重、被认可、被欣赏、被允许、被鼓舞、被激发、被引领、被支持等。你也许还会有其他的感受，无论是怎样的感受，这些感受都会激发鼓舞或凝聚你朝着团队的目标努力。你会感受到被赋能，即使在遇到挑战或者困难时也会勇敢面对，坚持前行。

如果你是一位领导者，你是如何给团队赋能的呢？你是如何关注并发挥团队的优势，用愿景与价值观引领团队，相信团队中每个人都有创造力，鼓舞团队朝着目标坚定不移地采取持续有效的行动呢？以下介绍如何从认知、能力、行为、关系四个视角给团队赋能，一起探究赋能团队的策略与方法。

（1）第一个视角：认知上的赋能。

无论对于个人、团队还是组织这三个问题的探究与清晰都会带给人们动力与力量感，即我是谁？我想成为谁？我如何成为我想成为的人？当团队成员清晰个人的愿景与组织的愿景，以及它们之间的关联时，就像你乘上一部车，你知道你想去哪里，这部车也刚好经过或到达你想去的地方一样。当人们的方向清晰并确信这个方向对于自己的意义时，前进的动力便自然产生，即使路途中可能会遇到困难与挑战，他们也会直面并向前。同时，愿景的清晰不是一蹴而就的，这是一个不断探索、不断优化与聚焦的过程，也是给团队赋能的过程。在这个过程中，会面对未知持续学习，不断开阔视野，收获新的认知。这也是领导者为什么要先是一个心中有愿景并且会讲故事的人的原因。领导者要描绘并分享愿景，激发员工看见公司大愿景中自己的小愿景，鼓舞员工投入愿景的实现中。在认知与思想上的赋能会让员工更有动力和幸福感。幸福是一种持续的战斗力。

（2）第二个视角：能力上的赋能。

在一个团队中，团队成员是否能够创造高绩效，除了和他的意愿度与认知有关，还和他积极面对工作中的问题与挑战，有效达到目标的能力有关。这些能力可能包括对目标的理解力、沟通力、执行力等，如果综合一下，则可以把它称作"目标达到力"，也就是朝着目标持续采取有效行动的能力。当团队成员想把工作做好但又不具备做好的能力时，他更需要的是领导者的支持与培养。他会在授权中得到支持、锻炼与成长。所以，给予团队成员成长的机会，并在实践工作中培养其目标达到的能力会让员工积极面对成长中的各种问题，并从困难和挑战中学习，在被支持和辅导陪伴的环境中发挥自己的学习力与创造力，从而让员工在成长和目标的达到中获得成就感。

（3）第三个视角：行为上的赋能。

员工能力的提升是一个内化的过程，是在日常行为的积累中养成的。给员工的赋能可以在领导者的举手投足中发生，如领导者的一个强有力的问题会带给员工新视角；领导者的一句感激或赞美、认可带给员工自信；领导者的允许、尊重、接纳、好奇、谦虚好学的态度会带给员工探索、创新的勇气；领导者分享的一个有效的工具或方式方法会带给员工想要去尝试的行动力。领导者与员工日常互动的行为都有可能带给团队成员更积极的影响，从而支持他们更有动力和勇气去面对工作中的问题与挑战。领导者的以身作则本身就是一种对团队的赋能。

（4）第四个视角：关系上的赋能。

据说齐国的晏子到楚国，楚王想戏弄他，就故意将一个犯人从堂下押过。楚王问：此人犯了什么罪？回答：一个齐国人犯了偷窃罪。楚王就对晏子说，你们齐国人是不是都很喜欢偷东西？晏子回答：淮南有橘又大又甜，一移栽到淮北，就变成了枳，又酸又小，为什么呢？因为土壤不同。

所谓的"橘生淮南则为橘，生于淮北则为枳"弱化了种子本身而强调了土壤的重要性，这和我们平时说的团队氛围与组织文化有着相通之处。团队成员的绩效表现一方面和自己的认知、能力及行为有关，另一方面和团队的氛围密切相关。

就像人们常说的："一个人可以走得很快，但一群人可以走得很远。"一个团队的文化氛围对团队整体的绩效及团队成员的工作表现有着直接的影响。

想象一下，一个没有共同目标、各自为政、相互指责、分工不明、没有承担的团队和目标一致、相互信任、彼此支持、坦诚开放、协作共赢的团队氛围会带给团队成员哪些不同的影响呢？不言而喻，后者会促进团队成员在一个安全、信任、积极、有滋养的团队关系中更富有创造性。

从以上四个视角出发都可以找到赋能团队、促使团队更有动力与激情投入工作的策略与方法，包括共启愿景、使命、价值；学习并打开新的认知；在现实的工作中提升目标达到的能力；有针对性地分享科学的工具与方法；构建高绩效的文化氛围与共赢的伙伴关系等。以下介绍两个非常简单且有效的赋能方法：魔法红转绿和HAPPS法则。

魔法红转绿

首先邀请你来看看下面的句子：

（1）你这个方法行不通。

（2）小张的能力太差了。

（3）老王的脑子太笨了。

（4）小明太懒了。

（5）大家都讨厌和你一起工作。

当你看完上面的五句话后你的感受是什么呢？是增加了你的能量还是削弱了你的能量呢？你可能会感受到这些话带来的一些负面的作用，感受到消极、指责、否定等。

当人们在这样的情绪体验下工作时，他们的表现会怎样呢？首先，如果一位领导者对着他的下属说："你的脑子太笨了。"这并不能促使这位下属脑子聪明起来，反而可能会引发下属的抵触情绪，不但听不进这位领导者的反馈和意见，可能会自我否定地认为自己真的太笨了，从而无法集中精力全然投入解决方案的探索中。

人们嘴上说的往往就是人们的人生，因为人们的语言会带给他人影响，他人的回应又反过来影响人们的认知与行为。人们嘴上说的话就像魔法一样改变着人们的周围及世界。

如果人们说的是积极正向的，就会传递积极正向的能量与影响；如果人们说的是消极负向的，就会传递消极负向的能量与影响。

无论是积极正向的还是消极负向的信息都有可能对一个人的卓越表现产生影响。就像有的人从批评等负向的反馈中获得鞭策从而前进，有的人则通过认可等积极正向的反馈获得激发一样。

著名心理学家洛萨达认为"一个人积极向上的情绪是由积极情绪和消极情绪综合而成的"。其中积极情绪和消极情绪的比例大致是17：6，除出来的值约为2.901 3，被称作心理学的魔力数值。他研究发现无论是在生活中还是在工作中，这个魔力数值都发挥着作用。

一个公司或单位的积极员工与消极员工的比例达到3：1时的工作气氛是比较好的，如果低于这个比例，会有消极、压抑的氛围。当然了，太高也不行，如果大家都太乐观，公司可能会因为毫无风险意识而倒闭的。

从领导者与员工的互动来说，如果领导者说了一句消极的话，就要用三句积极的话来平衡，以保障员工在积极的状态下投入工作。所以，这也是为什么作为领导者要谨言慎行的原因，因为领导者的一句话可以让员工受到伤害，也可以让员工激情满满。

谈到魔法红转绿就需要介绍一下何为红色语言，何为绿色语言。可以把红色语言比喻成交通指示灯中的红灯。也就是说，红色的语言是阻碍绩效发展且阻碍听者前进的，就像红色语言一出，人们就像踩了刹车一样便停止前进。可以把绿色语言比喻成交通指示灯中的绿灯，是推动绩效发展且激发人的主观能动性的。当说出绿色语言时，听者便像踩了油门一样有动力继续向前。

如果根据对上面的红色语言和绿色语言比喻的描述，邀请你一起想一想，下面哪些语言属于红色语言呢？

（1）公司总是在变？

（2）领导要求这么高怎么可能完成？

（3）说好的事情，为什么总是做不到呢？

（4）业务部门没有需求怎么办？

（5）我很好奇，你是怎么做到的呢？

（6）为什么业务部门总是不配合？

（7）产品这么好，为什么用的人不多？

（8）正是因为你这么做才有这么好的结果吗？

（9）说了多少次了他们为什么就记不住呢？

（10）整个团队都没有激情，这活怎么干？

根据以上对于红色语言和绿色语言的描述，相信你已经找到哪些是红色语言了吧。

你还想到了哪些呢？当你看到或想到这些红色的语言时，你的感受是怎样的呢？是推动你的绩效表现还是阻碍你的绩效表现呢？你可能已经非常好奇地想掌握魔法红转绿这个魔法工具了。

那么，如何将红色语言转换成绿色语言呢？使用魔法红转绿这个工具有如下两个关键原则。

（1）觉察红色语言背后真实的、正向的意图；

（2）将红色语言转化成带有真实的、正向意图的，并可以推动下一步行动的问句。

魔法红转绿的示例，如表5-1所示。

表5-1　魔法红转绿的示例

红色语言	绿色语言
公司总是在变	我们如何调整才能更好地适应公司快速的变化
领导要求这么高怎么可能完成	我们做些什么才能达成高要求
说好的事情，为什么总是做不到呢	有什么方法可以帮助我们说到做到
业务部门没有需求怎么办	我们做些什么可以帮助业务部门挖掘需求呢
为什么业务部门总是不配合	我们共同探讨一下如何跟业务部门更好地协作
产品这么好，为什么用的人不多	我们还可以尝试做些什么促进更多的人使用我们的产品呢
说了多少次了他们为什么就记不住呢	我们怎么样准确传达信息让他们一次性记住并执行呢
整个团队都没有激情，这活怎么干	我们如何有效激发团队的激情从而全力投入工作呢

在组织当中，很多的领导者与员工的互动多采用习惯性的反应，而不是透过习惯性的反应看到其背后的意图与渴望，从而导致关注不足或错误。被关注的就会被创造，注意力创造现实。所以，无论在工作场景还是在生活当中，魔法红转绿的方法都是非常有效的。

以下介绍一个赋能团队的方法：表达真诚的感激与赞赏的HAPPS法则。这个法则在我们的导师之一查理·佩勒林博士的课堂分享中常被提起，并且在我们的多年实践中也是非常有效的。以下介绍我们的实践经验。

HAPPS法则

香甜的泉水

传说，一位年轻人漫步在沙漠时，发现了一眼香甜可口的清泉。泉水很甜，他就把自己的皮水壶装满，给曾经身为自己老师的部落长老带回去一些。经过四天的跋涉，他把水献给长老，长老痛饮一番，温和地笑了笑，并为学生给自己送来如此香甜的泉水向学生道谢。年轻人高高兴兴地回到了自己的村庄。随后，老师让另一名学生品尝一下刚才的泉水。他马上吐了出来，说太难喝了。很明显，由于那个旧的皮水壶，泉水已经变味了。学生便问老师："师傅，已经变味了，你为什么要装作泉水好喝呢？"老师答道："你品尝到的是泉水的味道，我品尝到的是礼物。泉水仅仅是仁慈行为的表面，没有什么比这更加香甜了。"

虽然你可能会想，如果老师喝下变味的泉水会不会生病呢？也许有可能。但我们想分享的是这位老师看到了学生行为背后的仁慈与敬爱，老师对学生的感激传递着他对学生付出的一种尊重与情感上的回应。如果老师像品尝泉水的另一个学生一样把泉水吐出来，并说太难喝了，如果你是带回泉水的学生，你的感受会是什么呢？你的行为又会因此而受到什么影响呢？瑞士著名的心理学家卡尔·古斯塔夫·荣格在研究人的认识行为偏好时发现，人类一个重要的需求就是被感激和欣赏。美国著名心理学家索尼娅·柳博米尔斯基在她的《幸福多了40%》一书中把"表达感恩之情"列在"12项幸福行动"之首，并写道：

（1）感恩之心有助于人们用心体会生活中的美好经历；

（2）感恩之心有助于提升自我价值、增强自信心；

（3）感恩有助于人们应对压力和伤痛；

（4）感恩有助于培养仁德的品行；

（5）感恩有助于加强人与人之间的感情和建立新的往来；

（6）感恩有助于防止攀比心理的产生；

（7）感恩与愤怒、痛苦、贪婪这些负面情感是互相排斥的；

（8）感恩有助于阻止享乐、适应效应的产生。

加州大学医学院迪安·欧宁胥博士在他的研究结果中也表示：

"我从未发现任何其他因素——饮食、吸烟、锻炼、压力、遗传、药物、手术……能比得上感激对生命质量、疾病发生率、健康和防止早逝所产生的积极影响。"

既然表达感激与欣赏有如此大的作用，那就一起来看一看HAPPS法则。它由五部分组成，如果人们能够做到这五个方面，那就是在让感激与欣赏为自己的工作与生活做贡献。

如下为表达真诚的感激和赞赏的HAPPS法则。

（1）形成习惯（Habitually）：养成感激的习惯。习惯是每个人的风格，一旦真诚的感激成为习惯，你就不会觉得感激是在浪费时间和精力。

（2）表达真诚（Authentically）：生活在感恩的心态中，可以让你发自内心地感激他人，这是真诚感激的关注所在。

（3）表达及时（Promptly）：在行为发生时表达感激，越早越好。

（4）表达适度（Proportionally）：使感激的表达（口头表达、书面表达、物质表达）与行为相称。

（5）表达具体（Specifically）：你表达感激的方式越具体，效果越好。避免重复使用"干得好"，就好像例行公事一样。

习惯性的感激可以延年益寿。真诚的感激可以改变人的心率状态，使其在一分钟之内从不稳定的有害状态转变成稳定的清醒状态。

每天睡觉前，请回顾一天运用HAPPS法则表达真诚的感激和赞赏的情况，并将实际情况填写至表5-2中，保持觉察，持续精进。

表5-2　一天运用HAPPS法则表达真诚的感激和赞赏的情况

HAPPS感激和赞赏	1～10分
（1）我一天内对三个不同的人表达了三次感激/赞赏	
（2）我发自内心地传递我的感激/赞赏	
（3）当我发现对方值得感激的地方时，我会在15分钟内及时做出反应	
（4）我根据对方所做出的行为表达相应的感激，不会夸大也不忽视	
（5）我表达感激/赞赏时明确指出具体行为，不泛泛而谈	
总分	

假如问这样一个问题：你最近向家人表达真诚的感激是在什么时候？或者你在工作、学习场所向自己或他人表达真诚的感激是在什么时候呢？相信，你一定有一些自己的发现与觉察。

在中国的文化中，大多数人是内敛的，习惯把情感放在心里而不是挂在嘴上，尤其对家人或关系比较亲近的人。人们觉得说"谢谢"，别人会觉得自己见外。人们忽略了一个心理需求的事实，人们是渴望被感激和赞赏、被认可和尊重的。当人们被感激和赞赏时，会不会在嘴上说"哪里哪里，不客气"的同时，心里也会暖暖的呢？所以，想要有效传递情感，表达出来是非常有效的途径。还等什么，赶紧行动吧！

领导者激发力满意度评估，如表5-3所示。

表5-3　领导者激发力满意度评估

关键特征	具体行为	自评	领导评	下属评
1. 文化塑造	（1）以身作则，持续传递正能量； （2）保持正直、诚信、乐观、实事求是的态度； （3）努力营造自主、思考、激发、合作与执行的文化			
2. 激发卓越	（1）擅于发现自己与团队成员的优势与卓越性； （2）相信每个人都有独特性且资源具足； （3）能够运用有效方法激发团队潜能，创造卓越表现			
3. 赋能团队	（1）关注团队优势，用愿景与价值引领团队； （2）相信团队的创造力； （3）能够鼓舞团队朝着目标坚定不移地采取持续有效的行动			
备注	根据自己的理解从三个视角对满意度进行打分：1分为最低，10分为最高			

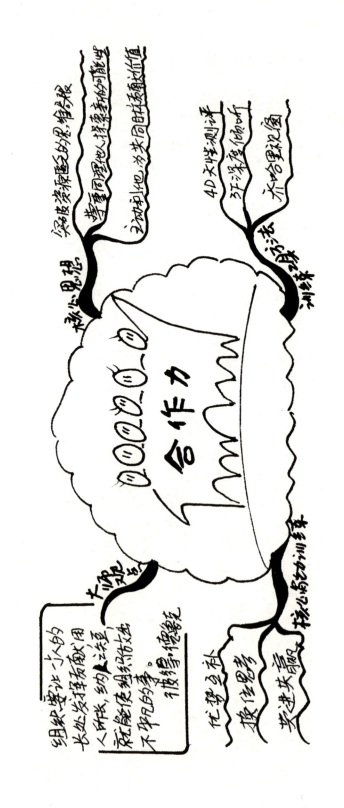

第6章

合作力实践修炼

> 合作关系的定义指出，不能向合作者发号施令，他们需要被说服。因此，管理人的工作日益成为一项"销售工作"。在销售的过程中，我们不会问："我们想要什么？"而是会问："对方想要什么？他们有什么样的结果？他们有什么样的价值观？他们的目标是什么？他们需要什么样的结果？"
>
> ——彼得·德鲁克（《21世纪的管理挑战》）

6.1 从独立到互赖

如果从生命的进化视角来看，生命的传承是一种细胞间持续合作的结果。人们每一天的日常行为，从吃饭到喝水到说话，都依赖于身体中大量的细胞完美的协作，从眼睛中的视觉细胞，到下颚处的肌肉细胞，再到大脑中负责传输电脑脉冲的神经细胞等。为了维持这些协调性的活动，人们的身体必须拥有自我生长和修复的能力。人们的器官需要不停地进行细胞更替，每天，人们都要产生几千亿个新的细胞。而当这些结构中的细胞决定散伙时，就会在细胞层面出现合作的瓦解，人们通常所说的癌症就是细胞间合作失败的结果。

癌症起源于一个简单的背叛：一个独立的细胞发生了危险的突变，不断繁殖，形成了一个小的病变。后来，几千个细胞也出现了同样的突变。几年过去了，很可能一切如常，什么也不会发生，但是如果另一个突变为这种背叛行为提供了发展环境，就可能导致所谓的"腺瘤"的出现。

如果人们身体的细胞和各个器官能够很好地合作，生命就如《黄帝内经》所云："上古之人，其知道者，法于阴阳，和于术数，食饮有节，起居有常，不妄作劳，故能形与神俱，而尽终其天年，度百岁乃去。"当人们与自己合作、与环境合作时，生命即会如其所是。

从生命说到个人的成长，也是一个不断地既独立又合作的过程。从人们一出生，就在与家庭的成员合作着，如果脱离与家庭成员的合作，人们将无法度过生命中的头几年、头几周……随着人们的成长，人们开始展开更大范围的合作，在学校，在工作岗位，不断地从依赖关系，到独立再到互赖共赢的关注中成长。

史蒂芬·柯维将个人成长（包括生理上、智力上、情感上三个方面）分为依赖期、独立期、互赖期三个阶段。

在依赖期：以"你"为核心，你照顾我，你为我的成败负责，你为我的快乐和悲伤负责！处于依赖期的人妄图靠别人实现愿望。其价值和安全感都来自别人的看法。

在独立期：以"我"为核心，我照顾自己，我为自己的行为负责，我为自己的快乐和悲伤负责！处于独立期的人能够单枪匹马闯天下。

在互赖期：以"我们"为核心，我们可以做到，我们可以融合彼此的智慧和能力，共创未来！处于互赖期的人可以通过群策群力实现最高成就。

在当今时代，随着科学技术及人类文明的发展，人们首先要有独立的意识，能够自我负责，同时又要拥有互赖的能力，能够与各种资源合作，在不确定的时代实现共赢。

一个组织的发展更是如此，无论是组织的创业期还是发展期，到扩张期，到持续经营，再到基业长青，如果没有更大层面的合作与持续的进化更新，组织无法生存并发展。互赖是合作的基础，在合作关系中目标一致、相互信任与支持是非常重要的，而合作力又是组织与团队高效、持续发展的一股非常重要的力量。

合作力重点是指团队成员的优势互补、换位思考及共进共赢的能力。领导者的合作力直接影响着团队成员的潜力与合力的发挥，而一个组织及一个团队的合作力则直接影响着组织和团队的生死存亡。单打独斗是无法实现自己的目标及持续发展的。

微软的创始人比尔·盖茨认为："小成功靠个人，大成功靠团队。"德国著名思想家、作家、科学家约翰·沃尔夫冈·冯·歌德对人们与他人合作的需求是这样描述："不管努力的目标是什么，不管他干什么，他单枪匹马总是没有力量的。合群永远是一切有善良思想的人的最高需要。"无论是个人发展的需要还是组织发展的需要，合作都是必然之路。

在组织发展中，要使领导者擅于发现员工优势并能够助其发挥；能够在工作中让团队成员优势互补、协同共进；能够换位思考着眼共同利益，保持同理心；能够从生态系统的视角看组织与合作，主动贡献自己的独特价值；能够真诚地对待内外合作关系，主动利用，共进共赢，这样的领导者才能更好地整合运用一切资源，凝聚一切可以凝聚的力量，带领团队创造无限的可能性。

6.2　一群人可以走得更远

优势互补——实现从我到我们的转变

【优势互补：突破资源匮乏的思维局限，看到资源的丰富性；主动开发与运用资源；不单打独斗，擅于发现并运用他人优势，优势互补有效协同。】

> 组织的目的在于使平凡人做不平凡事。组织要让一个人的长处发挥贡献，用人所长，纳人之短，就能使组织做出不平凡的事。
>
> ——彼得·德鲁克（《卓有成效的管理者》）

首先来看一项运动。

一辆汽车一路飞驰过来、急促停下，四个轮胎已不能再用，需要立即卸下来，换上四个全新轮胎；汽油已经耗尽，需要马上加满油。完成这些工作，总共只有六秒钟的时间。六秒钟之后，这辆汽车又要飞速启程。说到这儿，你是不是已经猜到了是哪项运动了呢？没错，是方程式赛车。

要在六秒钟之内完成这项工作任务，可能吗？看似是几乎不可能完成的任务。结果完成了。那到底是靠什么可以完成它呢？

靠的是严密的组织设计与分工协同！

当赛车进站时，工作人员手持千斤顶几乎在车停下的同时将车身撬起。零点三秒钟卸下四个车轮的螺丝、二点二秒钟内取下旧轮胎、三点五秒钟换上新轮胎并拧紧螺丝；换胎同时，一点五秒钟内加油。总时间六秒钟！在这六秒钟的时间里，22名维修站工作人员各有分工，并且工作环环相扣：一位负责加油管、一位负责灭火器、一位负责加油枪、一位负责加油机、一位负责前千斤顶、一位负责后千斤顶、一位负责当赛车前鼻翼受损时必须更换的千斤顶，一位负责检查发动机门的高压气瓶、一位负责举牌和一位用无线电与车手联系，还有12位负责换轮胎，每个轮胎三位——一位负责拆、上螺丝，一位负责拆下旧轮胎，一位负责装新轮胎。

从以上这项运动中你会联想到什么呢？也许你会想到团队合作的力量，或者你会想到人有无限潜力，又或者你会想到严密的组织设计是制胜的法宝。无论你想到什么，这都是值得赞赏的独特感悟。我们想和你分享的是，一个团队要想达到一个目标，离不开清晰坚定的目标、严密高效的组织和团队成员的分工协作与优势互补。

詹姆斯·柯林斯认为："未来的一批长久成功的大企业，将不再由技术或产品的设计师建立，而是由社会的设计师建立的。这些设计师将企业组织及企业组织的运作视为他们核心的、完整的发明创造，他们设计了全新的组织人力资源和发挥创造力的方式。"

如果关注近10年来高速发展的组织，像阿里巴巴、腾讯、华为、好未来等企业的发展，你就会发现组织变革成为常态，主动改变、持续创新、管理变化成为这些组织的核心竞争能力。我们曾经服务过的一家企业——云学堂就是基于企业发展愿景持续学习、不断突破创新、主动管理变化的高速发展企业。他们在以客户为中心的价值观引领下进行了组织的优化，成立了"客户成功中心"以更有效发挥公司的整体力量来最大化地支持客户成功。组织的优化是一个资源重新组合的过程，也是一个如何更好发挥合力去实现愿景与目标的过程。

提及合力你会想到什么呢？在一个组织和团队中如何产生合力呢？如果简单地理解合力，我们认为合力是一个组织或一个团队朝着一个目标让个体价值最大化，同时又能优势互补创造整体价值最大化的能力。

德鲁克认为："组织不能依赖于天才。因为天才稀少如凤毛麟角。考察一个组织是否优秀，要看它能否使平常人取得不平凡的绩效，能否使成员的长处都发挥出来，并利用每个人的长处来帮助他人取得绩效。组织的任务还在于使成员的缺点相抵消。"

日本的松下公司在30年前就被誉为"人才工厂"，其创始人松下幸之助有一个著名的"横轴理论"。他认为人类思想的坐标轴可以分为横轴和纵轴，纵轴表示人们从自然的世界中探求真理，横轴则表示集中大家的力量和智慧来做出贡献和创造价值。

也就是说，企业经营是依靠集体的智慧和团队的协作，而不是靠天才。的确，天才毕竟是少数，但每个人又都有其独特的优势，领导者如何将组织或团队中的每个人都发挥其独特的优势是领导者的责任，也是一个持续的挑战。

柳传志提及什么是联想的核心竞争力时，他认为联想的核心竞争力是管理的三要素，即怎么样建班子、定战略、带队伍。建班子的内容保证了联想有一个坚强的意志统一的领导核心；定战略是如何有指导思想地建立远、中、近期的战略目标并制定可操作的战术步骤，分步执行；带队伍是如何通过规章制度、企业文化、激励方式，最有效地调动员工的积极性，保证战略的实施。无论是建班子还是带队伍都离不开对人的优势的了解，以及充分的发挥，如果一个团队能够优势互补并能够促使每个成员发挥自己的独特优势朝着一个目标全力奋斗时，这个团队便可以创造任何的奇迹。

谈及发挥人的优势，你会想到哪些组织或者团队，你又会想到哪些领导者呢？你身边一定不乏这样的案例。先来看一下汉高祖刘邦是如何用人的。

据说汉高祖刘邦继位以后，经常举行宴会犒劳那些和他一起出生入死的大臣将领们。有一次，刘邦在洛阳南宫大宴群臣。席间，刘邦问众位文臣武将："大家说说看，我刘邦为什么能得到天下，项羽为什么会失去天下？"高起和王陵坐在座位上说："陛下虽然好笑话人，可是只要部下攻下了城池，陛下总会将攻下的城池交给部下去管理。项羽虽有妇人之仁，但是心眼小，好妒忌人，部下即便打了胜仗也得不到什么好处，这样时间长了，谁也不会再愿意为他卖命。这大概就是原因吧。"

刘邦听后哈哈一笑，说道："你们这是只知其一，不知其二啊。若论运筹帷幄，决胜千里之外，我不如张良；若论镇守国家，安抚百姓，供给粮饷，不绝粮道，我不如萧何；若论集结百万雄兵，战无不胜，攻无不克，我不如韩信。这三个人都是人中豪杰，我能任用他们，这就是我得天下的原因。项羽只有一个范增，又不能很好地任用他，这就是他失败的原因。"

众人听后，恍然大悟，纷纷点头称是。的确，一个组织的成功不仅是因为你的战略及产品的独特，最终还要靠组织中的人充分发挥其作用，并产生合力共同去创造。

那如何能够更有效地了解人的天赋优势，从而更好地搭班子，带队伍，释放团队的合力去创造卓越的绩效呢？以下介绍一个查理博士的关于天性识别的工具——4D天性测评。他的测评方法是基于心理学家荣格的理论成果通过长期实践创新发展而成的。能够帮助人们了解自己的认知行为风格及天性优劣势，以帮助人们更好地发挥优势，适度管理并改善劣势。同时，能够运用此测评方法及成果更好地搭好班子、带好队伍，以促使团队彼此能够优势互补，释放潜力，形成合力去创造更卓越的绩效。

心理学大师荣格认为，人的性格主要由决策过程偏好和信息获取偏好两个基本方面决定，查理博士带领团队根据这一理论，花费10年时间，对500个团队进行测试，提出并验证了性格测试的4D（4个维度）新方法。

你可以通过回答如下的测评问题来帮助自己认清楚自己的认知行为风格及自己的优劣势。

在开始测评之前请做好如下准备。

（1）测评是帮助你从一个专业的视角来了解自己，并不代表这是全部的你。

（2）不是在测评结束后给自己贴上一个"我是这样的人"或"我是那样的人"的标签，仍然需要带着好奇心、带着专业的视角去更深入地发现自己。

（3）每个人都是一个独一无二的个体，而不是一系列测评的集合。

（4）测评为更好地发展自己提供一面镜子。

（5）成为一个完善的自己是一个永恒的主题。

（6）测评时想象一下你是在家里或一个放松的环境。

（7）想象你在18岁之前可能会怎么选择。

（8）相信你的直觉，快速并真实地回答。

如果你准备好了，现在就可以开始啦！

你天性上的决策偏好如何？

"查验"一下你的决策偏好，如表6-1所示，左右对比后，在偏好度较高的一边画钩。

表6-1　"查验"决策偏好

情感型决策者	画钩	逻辑型决策者
和谐很重要		和谐是达到目的的手段
因为"感觉对"而采取行动		因为"合乎逻辑"而采取行动
优先考虑人		优先考虑事
喜欢和谐的关系		喜欢做对的事
达成共识再决定		根据自己的想法来决定
首先相信自己的感觉		首先相信自己的理智
无法忍受冲突		有冲突也可以忍受
总计		总计

你天性上的信息获得偏好如何?

"查验"一下你的信息偏好,如表6-2所示。左右对比后,在偏好度较高的一边画钩。

表6-2　"查验"信息偏好

直觉获取信息	画钩	感觉获取信息
依靠我的内在觉知		依靠我的观察
更多思考的是"可能是什么"		更多思考的是"是什么"
倾向创造		倾向常识
依靠灵感采取行动		依靠谨慎分析采取行动
喜欢在概念上花时间		喜欢在事实和数据上花时间
喜欢全局观点		喜欢细节
喜欢远大构想		喜欢既定事实
总计		总计

你在哪里呢？

请根据表6-1和表6-2的测评结果（画钩数量的多少）找到你所在的不同区域。

（1）绿色维度：情感和直觉分数高。

（2）黄色维度：情感和感觉分数高。

（3）蓝色维度：逻辑和直觉分数高。

（4）橙色维度：逻辑和感觉分数高。

四个维度的分值测评，如图6-1所示。

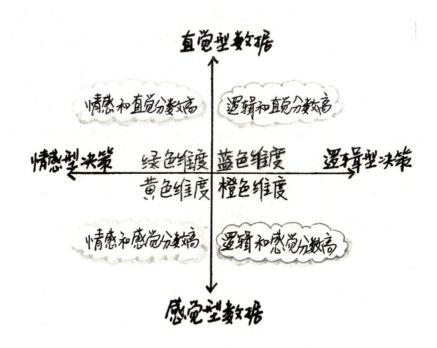

图6-1　四个维度的分值测评

画出你的天性偏好雷达图，如图6-2所示。

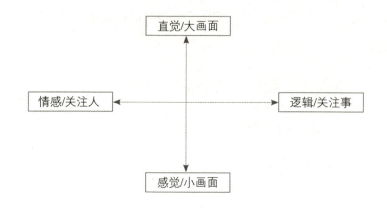

图6-2　天性偏好雷达图

如果你已经发现了你的核心偏好在哪个维度，也就是说你已经知道你的主色是哪一种颜色，那接下来就来看一下，在不同色彩维度的人有哪些优劣势呢？为了便于记忆，我们给测评后在不同维度的人赋予不同的颜色，绿色维度——小绿人、黄色维度——小黄人、蓝色维度——小蓝人、橙色维度——小橙人。四种不同类型人的优势和劣势如图6-3所示。也许你看过图6-3后发现，在每个象限中你都可以找到一些自己具备的特质，这个发现也非常正常，因为每个人都是多色的，只是在测评结果中你在某个维度的分数更高，我们称为主色，其他为辅助色。每个人都是多彩的。每个人既需要充分发挥自己的优势，也需要注意自己的劣势部分，不要限制自己的优势发挥。

大家根据图6-3及测评结果来看自己是哪个颜色的人。如果你是一个纯绿、纯黄、纯蓝、纯橙的人，个性特征就会更显著一些。当我们了解了不同维度人的优势和劣势以后，我们一起来思考一下，在工作中如何更有效发挥优势并与团队成员优势互补呢？

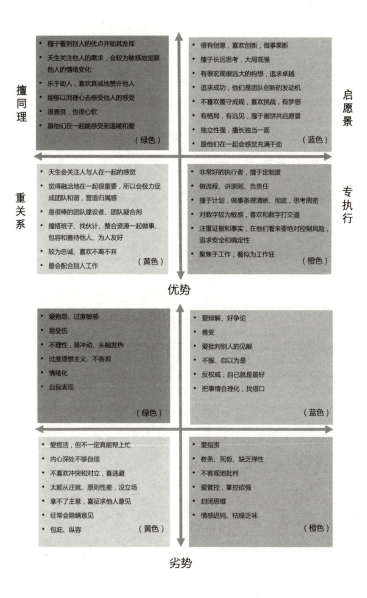

擅同理

- 擅于看到别人的优点并助其发挥
- 天生关注他人的需求，会较为敏感地觉察他人的情绪变化
- 乐于助人，喜欢真诚地赞许他人
- 能够以同理心去感受他人的感受
- 很善良，也很心软
- 跟他们在一起能感受到温暖和爱   （绿色）

启愿景

- 很有创意，喜欢创新，做事果断
- 擅于长远思考，大局观强
- 有很宏观很远大的构想，追求卓越
- 追求成功，他们是团队创新的发动机
- 不喜欢墨守成规，喜欢挑战，有梦想
- 有格局，有远见，擅于画饼共启愿景
- 独立性强，擅长独当一面
- 跟他们在一起会感觉充满干劲   （蓝色）

重关系

- 天生会关注人与人在一起的感觉
- 觉得融洽地在一起很重要，所以会极力促成团队和谐，营造归属感
- 是很棒的团队建设者、团队凝合剂
- 擅搭班子、找伙计、整合资源一起做事、包容和善待他人，为人友好
- 较为忠诚，喜欢不离不弃
- 最会配合别人工作   （黄色）

专执行

- 非常好的执行者，擅于定制度
- 做流程、讲原则、负责任
- 擅于计划，做事条理清晰、彻底，思考周密
- 对数字较为敏感，喜欢和数字打交道
- 注重证据和事实，在他们看来要绝对控制风险，追求安全和确定性
- 聚焦于工作，看似为工作狂   （橙色）

优势

- 爱抱怨、过度敏感
- 易受伤
- 不理性，易冲动，头脑发热
- 过度理想主义、不客观
- 情绪化
- 自我表现   （绿色）

- 爱辩解、好争论
- 善变
- 爱批判别人的见解
- 不服、自以为是
- 反权威，自己就是最好
- 把事情合理化，找借口   （蓝色）

- 爱揽活，但不一定真能帮上忙
- 内心深处不够自信
- 不喜欢冲突和对立，喜逃避
- 太顺从迁就、原则性差，没立场
- 拿不了主意，喜征求他人意见
- 经常会隐瞒意见
- 包庇、纵容   （黄色）

- 爱指责
- 教条、死板、缺乏弹性
- 不客观地批判
- 爱管控、掌控欲强
- 封闭思维
- 情感迟钝、枯燥乏味   （橙色）

劣势

图6-3 四种不同类型人的优势和劣势

先来看一下小绿人。小绿人的优势：天生关注人，有同理心，内心博爱，特别擅长看到别人的优点并愿意帮助其成长与发展，擅于沟通与表达，喜欢赞美他人，乐观积极，这些都是优势的方面。小绿人的劣势：做事没有常性，虎头蛇尾，敏感，遇挫折爱抱怨，容易情绪

化，喜形于色。如果你是小绿人，你可以找你的最佳搭档小橙人一起协作并向彼此学习。

小黄人的优势：天生关注人际关系，为人友好，善良忠诚，擅于整合资源，擅于配合他人的工作、有团队精神，喜欢大家在一起的感觉，这些都是好的方面。小黄人的劣势：爱揽活，做事慢，不懂得拒绝他人，决策不够果断，爱充当老好人，不喜欢冲突对立，缺乏原则立场。如果你是小黄人，你可以找你的最佳搭档小蓝人一起协作并向彼此学习。

小蓝人的优势：天生关注结果、目标、大局，点子多、有创意、有愿景、凡事总是追求卓越，这些都是好的方面。小蓝人的劣势：以自我为中心、爱辩解、善变、缺乏同理心、说话直爽，脾气有时火暴。如果你是小蓝人，你可以找你的最佳搭档小黄人一起协作并向彼此学习。

小橙人的优势：天生关注目标、计划、流程、规则、秩序，做事有逻辑、靠谱、执着、不拿结果不罢休，这些都是好的方面。小橙人的劣势：教条、死板、爱指责、管控、缺乏灵活、做事保守、追求安全确定，缺乏创新和挑战突破思维。如果你是小橙人，你可以找你的最佳搭档小绿人一起协作并向彼此学习。

在上面的分析中相信你已经清晰地看到了你的优势与劣势，以及了解了你的最佳搭档是谁了。你们可以在工作中相互学习，优势互补地协同工作。那么在一个团队中，如何搭班子、带队伍呢？

在一个团队中：

小蓝人总是要求最好、最明智，看得很远，追求卓越。

小绿人感激欣赏他人，对美好世界怀有共同的憧憬，关爱他人。

小黄人创建和谐的团队关系，与很难共处的人共事。他们包容他人，在各种关系中保持诚信，建设团队。

小橙人有纪律性，有可信的流程。他们有组织地采取行动并指导他人实现结果。

如果团队中没有小蓝人或不具备小蓝人的优势会怎么样呢？团队没有目标，做事不投入，不能创新。

如果团队中没有小绿人或不具备小绿人的优势会怎么样呢？团队成员感受不到感激与欣赏，不关注人的成长与发展，没有大局观，不能积极乐观地去为他人做贡献。

如果团队中没有小黄人或不具备小黄人的优势会怎么样呢？团队成员感受不到信任、温暖与关怀，少有人愿意为团队无私付出。

如果团队中没有小橙人或不具备小橙人的优势会怎么样呢？团队成员分工不明，相互推诿责任，没有担当与规矩。

所以，在一个团队中，不一定都具备四个维度的人，但在一个高绩效的团队中四个维度的优势都需要有。

很多读者都看过电影《西游记》，从4D视角来看，取经团队就是一个最佳组合的团队。唐僧与三个性格迥异的徒弟组成取经团队，靠着唐僧的执着精神，一起历经千难万险，坚定地朝着目标前进，终于取得真经，修成正果。如果从目标达到的角度来看，可以认为这是一支成功的团队。

那么，一起来看看他们是如何优势互补呢？

唐僧，呈现橙色特质。目标坚定、执着，擅用规则，指导团队取得成果。唐僧是团队方向与成果的把握者。

悟空，呈现蓝色特质。敢竞争，解决问题能力强，不怕任何的困难与挑战。悟空是团队创新、拓展疆土、成果达成的开拓者。

八戒，呈现绿色特质。乐观积极，热爱生活，把欢乐带给团队。八戒是激发团队热情、团队人才的发展者。

沙僧，呈现黄色特质。踏实肯干，任劳任怨，能吃苦。沙僧为融洽氛围、乐于付出的支持团队的凝聚者。

四个人组合形成了一支有目标、有热情、有行动、拿结果的团队。

总体来说，唐僧团队之所以能取得真经、修得正果和团队成员的优势互补、目标统一、每个人都能发挥自己的独特价值有着密切的关系。

老子在《道德经》第33章谈道："知人者智，自知者明。胜人者有力，自胜者强。"作为领导者，能够了解自己的优劣势，了解团队的优劣势，发展自己和团队，让团队中的每个个体能够最大化地创造个体价值，让团队成员能够优势互补最大化创造整体价值是每位领导者的机会与挑战。

换位思考——成为沟通达人

【换位思考：在着眼共同利益的前提下，首先站在对方的角度思考问题；尊重并同理他人；努力探索更多可能性，最终达成共识，促进合作。】

合作关系的定义指出，不能向合作者发号施令，他们需要被说服。因此，管理人的工作日益成为一项"销售工作"。在销售的过程中，我们不会问："我们想要什么？"而是会问："对方想要什么？他们有什么样的结果？他们有什么样的价值观？他们的目标是什么？他们需要什么样的结果？"

——彼得·德鲁克（《21世纪的管理挑战》）

戴尔·卡耐基在他的《人生的弱点》一书谈道："一个人的成功，只有15%归结于他的专业知识，还有85%归结于他如何表达思想、领导他人及唤起他人热情的能力！"相信很多人都会有这样的感受。无论在生活还是在工作中，有效沟通都是达到目标非常关键的因素。在我们服务过的企业中不乏这样的领导者，他们在专业技术上非常突出，业务能力非常强，但是与他人的协作关系或与他人沟通的有效性不是很好。他们在独立作战、取得成果上是把好手，但一旦与他人协作就会出问题，尤其在管理大团队或协同部门较多时更容易产生冲突，这样不利于工作的推进。

既然沟通如此重要，那如何提升高效的沟通能力，成为沟通达人呢？以下分享几个简单有效的策略与方法，一起打开高效沟通的大门。

1. 成为沟通达人1——换位观察法

换位思考是一种习惯。人们可以通过日常有意识的训练来提升换位思考的意识与能力。例如，当自己与另一方有冲突出现时，先想象一下如果自己是对方，自己会怎么想，怎么看，以及会有什么感觉呢？又会希望自己怎么做呢？还有就是能够在平时有意识地观察他人，了解他人价值观、信念，以及认识和行为的偏好等，了解到人与人之间的不同时，也可以更容易地做到换位思考。

2. 成为沟通达人2——换位三步曲

你可以对如下三个问题进行思考，看看有什么发现。

（1）如果我是他，我需要的是……

（2）如果我是他，我不希望……

（3）如果我是他，我的做法是……

3. 成为沟通达人3——3F深度倾听

倾听在沟通当中的重要作用毋庸置疑，没有有效的听，就没有有效的问，也就没有有效的觉察与交流。听是动词。"倾听"不是只用耳朵"听"那么简单。

古人的"聽"，奇妙而具有大智慧。拆解开，我们可以看到"聽"由"耳""王""十"，倒着的"目"，"一"颗"心"组成。完全解读了"倾听"的含义。人们在倾听对方时，要像对待王者一样真诚，同时眼睛要看着对方，一心一意专注地听，这样人们听得才会更加深入。

"倾听"有三个阶段。

第一阶段：以自我为中心的倾听。

第一阶段是以自我为中心的倾听。在此阶段，人们的表现是听完对方的话就会发表自己的见解，强调自己的观点跟立场，有时会做出判断。此阶段的听没有身体上的相应配合，也没有给一个很好的回应，注意力是在自己身上，甚至沟通的双方不能够达成共识。有时人们会想着如何去说服对方，这时，人们的注意力只在自己身上。当人们在这个阶段倾听时，对方会有什么感觉呢？人们是否倾听到了真实的信息？

第二阶段：以他人为中心的倾听。

以自我为中心的下一个阶段，就是第二阶段，把关注点都放在对方的身上。这个阶段的倾听会通过对对方的言语、态度、语调等做出相应的一些反应，并进行交流。这个阶段的倾听会有这样的一些表现：在沟通过程当中集中注意力，看着对方的眼睛，目光会有交流；做出和对方相同的一些姿态、态度、动作，与对方产生共鸣等；采取和对方同步的一些呼吸、语速和音调等；最后会重复、总结对方说的话，会做出适当的反馈，有总结，有回溯。但是走出自己，走进他人，真正的沟通才会开始。

第三阶段：使用3F倾听法进行倾听

3F倾听法是在非暴力对话倡导者马修·罗森博格和现代教练之父汤姆·斯通的研究成果基础上，由郑振佑博士发展出来的技法。我们在实际应用中有非常好的实践成效，在此我们将介绍如何理解"3F倾听法"以及一些现实中的小案例。

"3F倾听法"可以提升直觉力，使人的心灵和意识更加强而有力。

"3F倾听法"是指 Fact（倾听事实）、Feel（倾听感情）、Focus（倾听意图）。所谓"倾听"绝不是静静地听对方讲话就可以涵盖的。

（1）说出自己看到的事实（Fact）。

（2）表达自己的感受（Feel）。

（3）说明自己的意图，从事实感受意图（Focus）。

（4）核对、聆听对方的反馈，对方的事实、感受、意图，与对方达成共识，落实行动，最后对结果进行反馈。

这是一个流动的过程，它不是单向的，而是一个逐渐循环的、不断清晰聚焦的，可以达成共识的，并且形成非常好的行动的过程，可以提升人们在与他人沟通的过程中的直觉，能够帮助他人在心灵和意识层面得到更多的觉察。

在生活中，人们该如何分清"事实"和"判断"呢？

【案例】

在桌子上有一杯橙汁。（事实）

在桌子上有一杯美味、非常有营养的橙汁。（判断——因为有的人根本不喜欢喝橙汁，他不会觉得橙汁很美味，因为这样，大家就会容易产生争议。）

当人们在沟通过程中去看事实，会更容易跟对方建立一个理性的沟通平台，而当人们去判断时，就容易产生一种逆反，陷入借口、争辩等旋涡当中。

接下来做一个小练习。

在一次九点的重要会议上，一位团队成员十点钟才来，而他要进行年度汇报。结果由于他的迟到，严重影响了会议进程。作为团队领导的你，应该怎样与他沟通此事呢？

（1）你的事实：九点的会，你十点来了。

（2）你的感受：来的路上你很内疚。

（3）你的意图：尽量赶来开会。

（4）我的事实：当我看到表在九点五十五分时，你还没来。

（5）我的感受：我很着急。

（6）我的意图：按时开会。

如果是以上这样一个3F倾听，你会不会觉得："我迟到了，但是我被理解了。领导在我迟到了这么长的时间之后，在这么重要的一个会议上，还能感受到我其实也想尽快赶来，能够感受到我的内疚，我下一次也会想尽办法保证不会再出现同样的错误。"

倾听事实，不去做判断。尽可能倾听对方的感受，关注他的事实。当人们做这样的深层次应用时，则能够倾听到对方内在的卓越性，更能够激发这个人，帮助对方很大程度地承担责任。

在沟通过程中，7%是语言，38%是声音，55%跟身体有关，所以倾听需要层层深入，而不仅是听语言的内容。

如果坚持实践3F倾听法，都可以成为倾听达人。

人每秒钟能够识别和接收200万比特的数据，并将它存储在无意识和潜意识中。那么在意识层面的信息每秒钟只有134比特。大脑一次能识别和倾听5～9组数据。语言传递的信息只占沟通的7%，剩下的93%是通过非语言性的，即身体反应、语音语调、能量、感觉等来传递的。所以倾听不但要倾听语言信息，还要倾听感情和意图才能把握全面信息。

因此，倾听的第一个秘诀就是"空杯"，即把内心的想法和感情倒空。我们在教练领导力训练中有一种训练方法叫中心练习（Centering），就是把意识聚焦在身体和精神的中心。具体方法是把气吸入丹田，缓缓呼气，将注意力集中在呼吸上。通过几次呼吸你会慢慢地感受到心中的杂念消失了。先进行1～2分钟的呼吸，倾听的效果就会大大地提高。人们的意识集中在心灵深处时，杂念就会消失，就能保持平和的心态。那这种平和的瞬间就成为中心状态，在这种状态中沟通对象会感到安心，会感到和沟通者融为一体，进而形成深度和谐的关系。这种关系是一种深度信任的关系，是一种双方心灵的相通，没有任何阻拦的、坦诚相待的和谐舒适状态。像这样，高超的倾听能够帮助对方放下所有戒备和逆反，真实地袒露自己，接受变化。

不管是谁，只要能够倾听，就能减轻对方的心理负担，获得喘息的机会，会让对方产生积极的心态和对未来的希冀。如果能够给予自己接触的人带来这样的感觉，你就成为倾听的达人了。

4. 成为沟通达人4——运用白金问题

如果打一个比喻，你会把"问题"比喻成什么呢？

如果是我们的话，我们会把"问题"比喻成一个"路标"。每个问题的背后都有一个礼物或答案。它都会帮助人们有新的发现或带人们去到一个新的地方。

人们的每一天都是被各种问题指导着，如早晨几点起床？早餐吃什么？什么时候出发去上班？今天有几项重要的工作要做？今天怎么样度过是非常有意义的？如果今天有微课，是否有价值参加呢？等等。这些都是人们的内在对话，就如人们是自己的教练，每天用问题进行自我探索与指引。有力的提问帮助人们不断地朝着自己的愿景与意图前进，并让自己的天赋绽放。正向的开放式的问题背后的能量是开放的、向前的。

同时，人们的内在声音也充斥着一些评论、提醒、指令、判断与不满等，这些也在吸引着人们的注意力。人们利用自己的价值观、经验或知识结构等给自己提出建议：我应该这样去做；我必须每天少吃多运动，不然会越来越胖；我今天又没有管理好自己的情绪，我情商比较低等，这些声音也会经常在人们的生活中出现。这些认知或建议可能会让人们感受到一些强迫和压力。建议对于被建议者来说是需要去接受的，是相对封闭的，让对方感觉自己是不聪明的、不足够的。

人们内在的对话是有建议性的，人与人之间的互动也是如此。

任何巧妙或直接的告知、建议、忠告都会支配对话中思想的流动，而且很可能阻碍人们去聆听自己内在的指引。也可能会刺激谈话对象，激起沟通对象的防卫心，引发辩论和解释与寻找借口。

以下举这样一个案例。

某公司要引进一个新的项目，需要选择一位项目负责人。因为以前大家都没有做过类似的项目，所以经过评估，最终选择了小李来担当这个角色。

假设有两位不同风格的老总，他们分别是这样与负责人谈话的。

【对话1】

张经理：小李呀，来坐。你已经知道我们公司要引进一个项目，这个项目投入比较大，也关系到我们公司未来的发展，责任非常重大，这次公司信任你由你来担当项目经理，你可要好好干啊。我们以前都没有做过类似的项目，但以我的经验，我觉得这个项目要想做好，必须把握这几点，你记一下：有1……2……3……4……还有5……小李你觉得怎么样？

小李：领导，我觉得好像3和4有些问题。

张经理：什么问题？

小李：领导，我也说不清，只是觉得这3和4我们操作执行起来有困难。

张经理：那就先按我给你的建议去做吧，有什么问题我们再交流。一定要认真啊！如果做不好，影响就大了。

【对话2】

赵经理：小李呀，来坐。我们公司要引进一个新的项目，这个项目对我们公司来说意义重大，不仅影响我们公司在行业当中的竞争地位，也会影响我们公司未来五年的发展。公司仔细评估了综合情况，决定由你来担任项目经理，我们相信你一定可以很好地带领团队完成目标。我们大家都没有该方面的经验，但是，以你的学习能力和资源的整合运用能力，我们认为你是最佳的人选。当然，公司领导会全力支持你的。

我来给你再介绍一下详细情况……你来谈一谈，如果把这个项目做好，必须把握哪几点呢？

小李：领导，让我想想……我觉得有1和2……

赵经理：嗯，听起来很有道理，还有呢？

小李：还有5和6……

赵经理：嗯，真的是太好啦！我觉得这两个方面说得非常关键。还有呢？

小李：还有3和4……，嗯，但是觉得3和4可能还得仔细分析一下，可能有些小问题。

赵经理：嗯，能够感受到你非常严谨，而且看问题能够抓住关键，就按你说的做，有任何需要支持的我们及时沟通。和团队一起好好加油！

以上这两段对话，大家听完后，如果你是小李，你的感受会有什么不同呢？

第一段对话是给建议的，让人觉得自己是没有答案的、不聪明的、不够好的；第二段对话是激发式提问的，对方会感受到自己是有答案的、有能力的、足够好的，这样不同的感受，带来的影响也有很大的不同。

给建议是被动接受的，而回答问题是主动探索的，这样不同的能量流向，能够激发人们去自我探索，去寻找解决方案，更能够对自己的行为负责。也可以更好地帮助人们挖掘自己内在的资源，激发内在的创造力。

问题就像一个调频器，可以将人们的注意力调节到相应的频道。

当别人提出一个好问题时，人们会立即注意到内在反应——内啡肽开始涌出，想法开始闪现，人们变得好奇，开始在新的层面上思考。问题让人们进入搜索状态，而搜索引领人们来到一个独特而有价值的领域。人们都有能力去扩展思维，去思考对自己来说真正重要的是什么。

接下来分享几个白金问题。

（1）开放式和封闭式问题。

封闭式问题：

1）你想读书还是去参加培训课程呢？

2）你是不是需要找你们的领导去沟通一下呢？

开放式问题：

1）对这件事情你怎么看？

2）针对目前的情况，你有什么新的思路呢？

3）什么是你最满意的呢？

4）如果没有任何资源的局限，你会做些什么呢？

封闭式问题只有是与不是，或者非此即彼式的答案，倾向于关闭话题。

开放式问题鼓励人们去深入思考，可以自由开放地回答问题，会邀请人们放松下来，深入内在，聆听自己，清晰自己的内在想法或看法。开放式问题带人们离开限制性，非此即彼的思维循环，离开评判和局限。开放式问题会激起好奇心、资源状态和深层思考，打开通往内在学习的大门。

（2）WHAT、WHY的问题。

- 是什么原因使我没能及时收到你的计划呢？

- 为什么你没有按时交计划？

（3）假如的问题。

- 假如你已经成功地实现了你的目标，你回头看时，有几步是非常关键的呢？

- 假如还有一些新的想法，会是什么呢？

（4）评量问句。

- 这样的问题可以帮助人们清晰期望和现状，以及近期想要做出的改变。

- 想象一个从1到10的量尺，1是满意度最低，10是完全满意。

- 假如你想成为一名教练型的领导者，10分是指你非常满意。那你现在的满意度是多少呢？（例如，是5分。）可以再问，那接下来的一个月，你想提升到几分呢？

5. 成为沟通达人5——同理心

人本主义大师卡尔·罗杰斯最早提出同理心的概念。他提出同理心是感受别人的痛苦和喜悦，站在他人的角度看问题，同时要表现出相应的情绪（痛苦和喜悦等）。

曾经有这样一个故事。

有一个朋友在美国的一个超市买东西。那天，超市的队伍排得很长，只有一个收银台开放，这个朋友排在第四位，他的后面还有五六位，突然队伍不再往前移动了。原来收款机坏了，那个收款员正紧张地修这个收款机。这时，人群中有人感觉不满。有个高个男人大喊：

"赶紧找主管！"主管来了，随即跟着维修机器。高个男人看到这位主管和服务人员一时半会也修不好，便随手从旁边的栏杆上拿了一本杂志翻看着，又转身和后面的人聊着天。这时队尾的一个小个子男人，比较年轻，西装革履的，在后面大喊道："怎么搞的？你们这些蠢蛋们！这么简单的机器还修不好！

主管和服务人员满头大汗，虽尽力维修但还是没有办法。这个小个子男人焦躁不安，大声吼道："怎么回事，因为你们的问题，把我一个好好的约会都给搞砸了！"主管连忙说："这样吧，要不我看看其他机器怎么样？"这位男士火气依然很大，说道："看有什么用，你们所有的机器都是坏的！我以后再也不到你们这里来买东西了，我还要给你们领导写封信投诉！"他越说越生气，于是扔下满满一购物车的东西愤然离去。

当这位男士离开之后，有三件事情发生了：第一件事情是这台机器修好了；第二件事情是为了补偿大家等待的时间，超市主管给每位等待的顾客发了50元的购物券；第三件事情是他又把另几个收银台开放了，这样一来队伍就缩短了很多。大家很快结完账，分别离开了。

小个子男人在辨识情绪的能力方面需要提升，他没有控制住自己的情绪，扔掉自己花费时间和精力挑选的东西，愤然离开超市。如果他是去赴约的，我们相信他会把愤怒的情绪传染给女朋友，同时带着抱怨和指责，这场约会会不欢而散的。

此外，小个子男人在融入情绪（运用情绪）上有待提升。主管和服务人员已经深感歉意，满头大汗地修理机器了。如果他能够理解他们的心情，知道这不是他们的错，也不在他们的掌控范围，小个子男人就具备同理心了。

领导者若要提升自己的领导力，就要善用自己的情绪感染员工，引发员工的同理心。

同理心是设身处地、善解人意，是站在别人的角度思考问题时持有的一种心理活动；是一种可感知并付诸行动的缓解痛苦的愿望；是一种建立关系，实现共赢的能力。

培养同理心要关注以下四个原则。

（1）无条件接受观点。

（2）不加评价，不做判断。

（3）觉察对方的情绪。

（4）感同身受。

同时，可以从以下四个步骤来提升自己的同理心。

（1）关注：首先要关注到对方的处境、情绪等的变化，以及情绪背后的意图、期待和渴望。

（2）理解痛苦：真正站在对方的角度去理解对方的痛苦。

（3）感受共情关切：当理解到对方痛苦时能够感同身受并能够表达关切与支持。

（4）采取行动：采取有效的行动给予恰当的支持。

如果你能够按照以上步骤刻意地去练习，相信你的同理心一定会得到增强，你的表现也会更令周围的人欢迎并赢得更多的合作机会。

共进共赢——主动贡献，让合作更长久

【共进共赢：从生态系统看发展与合作关系，关注共同利益；主动利他，为共同目标贡献价值；能够真诚对待内外合作关系，取长补短，合作共赢。】

有这样一个真实的案例。

瑞典沃尔沃总部，有2 000多个车位。早到的人总把车停在离办公室入口很远的地方，天天如此。好奇的人问道："你们的车位是固定的吗？"他们回答："我们到的比较早，有时间多走点路。晚到的同事或许会迟到，需要把车泊在离入口近的地方。"缩短走路的时间避免迟到。"早到的同事"考虑到"晚到的同事"最想要的是把车停在离入口近的地方。这个没有说出来的请求被"早到的同事"感受到了，并在行动上满足"晚到的同事"的需求。也许你会觉得很熟悉，似乎这样的事情就是你身边的事情，公司以及团队成员之间彼此关注需求，相互支持，主动利他，共进共赢，这是一个高合作力的表现。

虽然上述的案例只是一个小小的举动，但背后的思想认识是影响行为的根本原因。当人们能够真诚地为他人考虑并主动贡献自己的价值，在成就自己的同时成就他人，带着共进共赢的思想投入工作时，人们就能够整合一切可以整合的资源与一切可以合作的人合作，从而创造更卓越的绩效。在一个组织中就像在一个生态系统中，员工与员

工之间，领导与员工之间彼此影响，涟漪效应在组织中同样存在。以下介绍实现共进共赢的几个重要视角，以支持大家在打造团队合作上取得新成果。

1. 共进共赢之三大核心思维

（1）主动思维——基于目标做选择而非惯性。

在刺激与回应之间能够理性地思考，主动选择基于目标实现的行为，而非惯性的行为。根据目标的实现来主动采取有效的行动，来推动成果的产生，而非在合作中要求什么才做什么地被动响应。

（2）担当思维——对接需求层次：决定圈、影响圈、关注圈。

每个人的关注点都有三个层次。第一个是自己可以决定的（自己的角色职责范围内），第二个是自己不能决定但是可以影响的（如公司的战略与大政方针，或者行业的一些趋势等），第三个是自己不能决定也不能影响，需要自己去关注并根据变化调整自己的（如大的宏观经济环境等）。当人们了解自己和他人的三个圈的内容与范围时，就可以更好地在决定圈去主动发挥作用。

（3）舍得思维——什么是对方想要的，也是我想给和我能给的。

"在共同利益中挖掘金矿"，当人们把关注点放在关注共同利益上时，便可以更好地通过探索"他们最想要的是什么，同时也是我们能够让他们拥有的"来做出正确的决策，在合作中实现共赢。

【实践小练习】

在工作情境中，就一项重要的合作关系做如下探索。

1）把自己期望对方做的列一个清单，然后检查对方已经做到的有哪些？没有做到的有哪些，为什么？

2）站在对方的角度对自己的期待也列一下清单，检查已经做到的和没有做到的，分享为什么？

3）结合上述探索的自我觉察，为了推动合作共赢，自己想要主动付出的有哪些？

2. 共进共赢之相互信任

合作有效性的一个重要方面就是发展和维持合作，以及与相关成员之间高水平的信任关系。合作成员彼此之间越信任，他们就想能更有效地一起工作。当一个合作的群体具有较高信任水平时，群体成员才会开放表达他们的想法、感受、反应、观点、信息和主意。当一个合作群体的信任水平较低时，群体成员在交流中就会互相推诿，无法诚实对待和体谅他人，绩效的创造自然会受到不良影响。如果一个团队没有信任就像一座大楼没有地基，合作根本无法长久。

作为领导者，信任自己、信任团队、信任公司、信任客户是创造高绩效的基础。领导者行为的可预见性越高，获得的信任程度也会越大，团队成员之间的信任关系也是如此。正如管理大师彼得·德鲁克所说："有效的管理者不一定要很聪明，而是要言行一致。'言行一致'就是指'说到做到、以身作则'，这样才会获得下属的信任。"

那么如何才能更好地建立信任呢？在《信任的速度》一书中，作者分享了建立信任的13种行为，我们认为非常有效：①直率交流；②表达尊重；③公开透明；④匡救弥缝；⑤显示忠诚；⑥取得成果；⑦追求进步；⑧面对现实；⑨明确期望；⑩负起责任；⑪先听后说；⑫信守承诺；⑬传递信任。

3. 共进共赢之知彼知己

《孙子兵法》有云："知己知彼，百战不殆。"首先人们要知道自己想要什么，自己拥有什么，以及可以贡献什么，同时去了解合作的伙伴想要什么，有哪些优势可以贡献。当人们了解彼此的目标与需求，了解彼此的优势与不足，了解共同的价值及合作会带来的影响后，共进共赢便不只是一个目标或原则，而更会成为一个自然的结果。

有这样的一个故事。

有一个人问上帝，他想知道天堂和地狱到底是什么样子。于是上帝就说先带他去看看地狱。上帝带他来到一个房间，里面有一个长条形的桌子，桌上摆满了各式各样的散发着诱人香味的美食，桌子周围坐满了人，每个人看上去都面黄肌瘦而且非常饥饿的样子。他们每人有一双很长很长的筷子，他们把夹起的菜尽力想喂到自己的嘴里，可是由于筷子太长，无论人们怎么努力也没有一个人能把菜喂到自己嘴里，所以，这个房间里的所有的人都显示出非常痛苦的样子，看着好吃的菜，却怎么也吃不到。

于是这个人就和上帝说："这也太残忍了吧，那带我去天堂看看吧！"上帝说："好啊，其实天堂就在地狱的隔壁！"于是他们来到隔壁的房间，看到的是同样的长条桌子，同样很好吃的菜，同样的每人拿了一双不可能喂到自己嘴里的筷子，不同的是他们都非常开心！因为他们都把自己夹起的菜喂到了别人的嘴里，所以大家都吃到了美味，而且人与人之间也非常开心！

看完以上这个故事想必你也感受到协作的力量。桌边的每个人都知道自己的需求，也知道他人的需求，同时也知道彼此的挑战是什么。正是因为他们了解到了彼此的需求同时又看到现实的挑战，在这样的情况下选择合作的人们便生活在天堂中，一起享受美食与相互支持的快乐。选择自我中心只顾自己的人便活在地狱之中，受着饥饿与孤独无助的煎熬。就像组织中不同的部门，每个部门都有自己的目标与任务，但是部门与部门之间又有着密不可分的关联，如果只是顾着自己的目标完成，不关注其他部门目标的实现，最终只能会落得双输的结果。

谈到知彼知己，大家可能会想到很多种方法可以帮助自己了解自己和他人，如说血型、星座、霍兰德职业倾听测评等方法。以下介绍一个简单有效的工具——"乔哈里视窗"。

美国心理学家乔·卢夫和哈里·英格姆从自我概念的角度对人际沟通进行了深入研究，并根据"自己知道——自己不知道"和"他人知道——他人不知道"这两个维度将人际互动关系分为四个区：开放区——开放的我、盲目区——不自知的我、隐秘区——隐藏的我，以及封闭区——未知的我，这个理论称为"乔哈里视窗"，如图6-4所示。

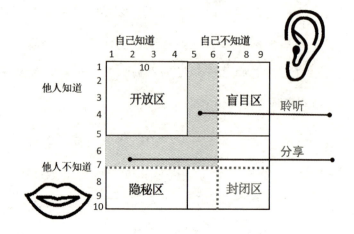

图6-4　乔哈里视窗

（1）开放区——开放的我（我知他知）。

开放区的信息是自己知道、他人也知道的信息，包括一个人的行为、态度、感情、愿望、动机、想法，以及一个人的缺点和优点等。很多时候人们的交往与合作是先通过已知的信息展开的，随着交往的深入及全面的了解与分析才有可能进一步深入地交往与合作。这个区域就像合作的大门，开放度会影响门的宽窄。门的宽窄影响着的人进入数。这也是为什么在合作当中需要人们更加坦诚、敞开、表里如一、更真实地表达自己。

（2）盲目区——不自知的我（我不知他知）。

在盲目区中，人们看不到自己的优劣势，但在别人眼中一目了然，在这个区域的信息往往被人们忽略，如有些习惯性的行为或语言，或者对他人过度包容等特质，如果没有反思或他人的反馈，一个人很难能自我察觉到。他人就像自己的一面镜子，透过他人这面镜子人们可以更好地看见自己。这也是为什么在合作当中需要与人们交流，认真听取他人的意见与反馈。给自己照镜子也会帮助他人照镜子，让自己和他人在合作中成长，让关系更紧密。

（3）隐秘区——隐藏的我（我知他不知）。

隐秘区是人们对外封闭的区域，包括一个人的思想、感受、经验等，是人们不想让他人了解，他人也不知晓的信息。这个区域的开放程度掌握在自己手中，在什么情境下对什么人开放是自己可以把握的。这个区域的信息别人无法猜透。

每个人隐藏自我的大小区域不同，一般人都属于选择性的揭露者，会适时透露一些信息，也会隐藏一些秘密。人们自己手握信息大门的钥匙，是否打开大门，打开到什么程度，打开哪个门是自己选择的结果。

例如，在一个团队中一位领导者很少向他的直接领导汇报，除非万不得已或直接领导找他谈话，不然他是能不谈就不谈。人们都知道的是他不想占用领导的时间，因为他的直接领导确实非常忙，也都觉得他很替别人考虑，而且愿意担当，但大家不知道的是这位领导者害怕与权威式的人物沟通。当他与直接领导谈话时很容易紧张、心慌，导致即使准备好要说什么，但是一见到这个人就不知道从何说起了。

这也是为什么在团队合作中从知己的角度，首先要觉察自己行为背后的真实原因，然后有意识地去提升自己；站在他人的角度，不能立刻对一个人做出判断，要多沟通、多交往才能够更好地合作并促进彼此的成长。拓宽隐秘区的有效方法一个是自我觉察与成长；另一个是建立合作中的安全感与信任感，帮助对方觉察、敞开与成长。

（4）封闭区——未知的我（我不知他也不知）。

封闭区是自己及他人都不知道的区域，包括一个人的潜能、内在模式、被压抑的情绪体验、记忆与深层的价值与渴望等。这个区域信息的开放意味着一种持续的探索与勇敢面对的过程。在过去的合作中人们往往凭着经验与观察来决定这个人如何使用与评估他的贡献。在当今时代，组织或团队更多关注如何去挖掘一个人的潜力，帮助员工觉察影响其潜能释放的因素并减少或减除这些干扰。

通过"乔哈里视窗"的分析，可以看到在组织或团队中，创造一个安全信任的、坦诚开放的、引发觉察的、相互促进与成长的氛围是释放建立紧密的合作关系、释放个人及组织潜力的非常关键的因素。如果一位领导者越能够自我反思与觉察、勇敢并主动表达自己内在的情感与真实的意图，越乐于接受他人的反馈并真诚地给予他人积极地反馈，越能够在自省与帮助他人创建觉察、互为镜子中收获影响力与高绩效。如果领导者能够做到言行一致、身心合一，勇敢探索未知，不断突破成长，那么他对团队或组织的发展就会产生更加卓越的影响。知己可以更好地成长，知彼可以更高效地合作，知彼知己可以更好地共进共赢。

4. 共进共赢之真诚守诺（修复协议五步法）

信守承诺是信任建立与维护的关键因素之一。我们说的协议，包括文字和口头达成的协议。

信守所有协议在协同工作场景上的行为表现如下。

我能够保守秘密；说什么就做什么；我很慎重地做出承诺，一旦做出承诺，就会做到；因客观原因而没有履约，我事先会协商；因客观原因而没有履约，我事后会补救；有些不适合我的，我有勇气说出自己的想法。

当人们打破了与他人的协议时，可以运用以下五步法来修复。

回想你和他人所打破的协议，按照以下流程进行修复。

第一步：表达，如说"我违反了和你的协议"。

第二步：描述当时的客观情况。

第三步：提出未来的防范措施。

第四步：表达遗憾，如说"对不起……"

第五步：表达，如说"这样做，可以吗？"

一个具有合作力的组织就如雁群，它目标明确、搭配科学、配合密切、行动高效。以下介绍大雁团队带给人们的启示。

（1）目标坚定。

它们从不盲目起飞，时节就像给它们起跑的枪声，它们从冬日的北方飞向南方，到第二年的春天再飞回原地生活与繁殖。它们始终保持一种整齐有序的状态，在长达万里的行程中，无论遇到任何的挑战，都使全体成员紧紧围绕着这个目标而全力以赴。

（2）分工协同。

大雁飞行时呈"V"形，这种省力的飞行模式比孤雁单飞提升了71%的飞行能量。当有一只大雁因病或其他原因掉队时会立刻有其他大雁补位，这让这种最有效的合作模式得以保持，使每只大雁及这个团队保持最高飞行成效。

（3）有效沟通。

大雁在飞行转弯或变换队形时，通过叫声来传递信息，让所有的大雁都知道发生了什么。让在雁群中的每只大雁知道应该如何调整位置。雁群基于目标与高效保持行动的灵活性，通过有效沟通保持着一种动态的响应机制。及时有效的沟通是打造高效团队的基石，是构建双赢的桥梁，是提高工作效率的重要方法。

（4）责任担当。

在雁阵中，头雁的任务最为艰巨，它们是这个雁阵的领导者和决策者。当头雁疲倦时，它会退到队伍后方，而另一只雁则飞到它的位置上来补位。在团队中每只大雁既是团队的一员需要服从整体指挥，又有可能成为一名头雁，勇敢担当领导者的责任带着团队朝着目标前进。人们常说，不想当将军的士兵不是好士兵，尤其在现代新型的组织模式下，一个人既可能是一个团队领导者又是其他团队的一员，所以展现本色、胜任角色成为一位领导者的基本功。

（5）共进共赢。

在雁群飞行过程中，如果一只大雁脱队了，那么它立即会感受到独自飞行的迟缓、拖拉与吃力的感觉。这时，它会自动回到队伍中来，利用前一只鸟所造成的浮力，用好队友的"向上之飞"的力量继续前进。如果有大雁因为体弱或生病不能跟上队伍，会有其他大雁留下陪伴直到它恢复再自行组成"V"形一起追赶队伍。

　　一个组织的竞争力来源于个体及组织整体的竞争力，组织离不开个体，而个体又要站在组织的系统中最大化地贡献自己的价值。当今很多高速发展的企业都体现出合作的力量，与组织内外部资源的合作，与社会更大范围的资源合作，从而创造了组织整体的可持续发展的力量。一个具有强合作力的团队一定会创造更卓越的绩效。

　　领导者合作力满意度评估，如表6-3所示。

表6-3　领导者合作力满意度评估

关键特征	具体行为	自评	领导评	下属评
1. 优势互补	（1）突破资源匮乏的思维局限，看到资源的丰富性； （2）主动开发与运用资源； （3）不单打独斗，与团队优势互补、有效协同			
2. 换位思考	（1）能够站在对方的角度思考问题； （2）尊重并同理他人； （3）有效沟通并达成共识，促进高效合作			
3. 共进共赢	（1）从生态系统看发展与合作关系，关注共同利益； （2）主动利他，为共同目标贡献价值； （3）能够真诚对待内外合作关系，取长补短，共同进步，合作共赢			
备注	根据自己的理解从三个视角对满意度进行打分；1分为最低，10分为最高			

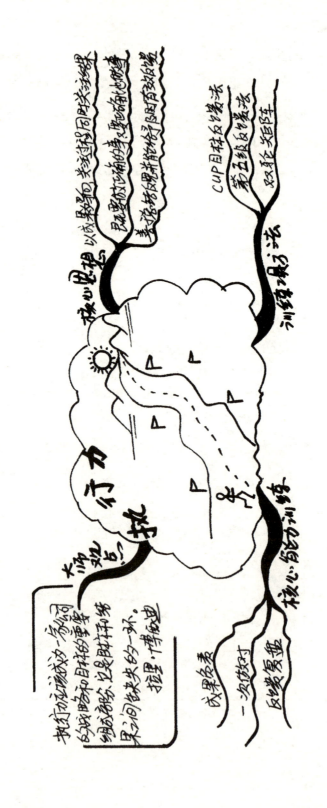

第7章

执行力实践修炼

> 任何企业都必须建立真正的团队，并且把每个人的努力融合为共同的力量。企业的每一分子都有不同的贡献，但所有贡献都必须融合为共同的目标。
>
> ——彼得·德鲁克（《管理的实践》）

谈及执行力想必大家会有很多的共鸣，也可能立即想到一些和执行力有关的名人名言，如阿里巴巴马云认为"没有执行力就没有竞争力"；华为任正非认为"没有执行力，一切都是空谈"；腾讯的马化腾认为"拥有执行力才能让你更强大"。那么，你对执行力如何理解呢？

在我们的领导力训练课堂上曾经有这样一位企业老总，他一边听一边记，不时地凝神思考，偶尔会拍下讲课的幻灯片。下课后他会和我们分享他结合自己企业实践工作的感悟及新的决定，并就某个幻灯片内容是否可以直接分享给他的团队来征得我们的同意，之后就见他立即行动，将自己的学习收获、觉察后的新要求发送在他的核心团队微信群中。第二天上课的时候他会第一个来到培训现场和我们分享有哪些新的举措已经开始落实，并与我们分享晚上回去与团队进一步沟通后的新收获和思考。

很多同学都赞叹他强大的执行力。的确，他是训练班上学习成果转化最好的一位。

从以上这个案例中不难看出，学习并不难，难的是带着现实的问题，也就是带着目标来学习。同时，将所学转化成新的思想与新的行动并创造出新的成果，这是更大的挑战。从另一个角度来说，一个人将学习成果立即转化成新的思维与新的行动成果并不难，难的是将学习成果转化成集体的学习成果并推动集体产生新的认识，以及创造出新的行动成果。

执行力的体现不仅在个人的绩效表现上，如果是对一位领导者进行评估，则执行力更体现在团队的绩效表现上。执行和战略就像一枚便币的两面，似乎有正面和反面，有轻和重之分，但是互相依存、不分伯仲、相互成就。没有有效的执行，就不存在有效的战略；没有清晰的战略，就不存在有效的执行。执行并不等于执行力，执行力才是一个人、一位领导者及一个组织的核心竞争力。

在一项针对世界500强企业的调查中发现，世界500强企业有60%的公司文化都有执行的文化。像通用汽车、沃尔玛、荷兰皇家壳牌石油公司等。在中国近几年高速发展的企业中像阿里巴巴、华为、海尔、伊利等公司执行力的文化也非常突出。

组织对于执行力的关注可以追溯到1999年6月拉姆·查兰在《财富》杂志发表的著名文章《CEO为什么失败？》。查兰教授根据对数十位被解职的大公司CEO进行的研究分析表明：战略的缺陷并不是决定性的，没有忠实地执行战略才是CEO下台的关键因素！其中，最大的因素是用人失败——没有把合适的人放在合适的岗位上，没有及时处理好人的问题，特别是没有处理好一些关键岗位的下属带来的糟糕业绩。

三年后，查兰教授在撰写《执行》一书时再次强调：仅2000年，《财富》500强的前200家公司就有40位CEO被迫离开——不是退休，而是被解雇或被迫辞职。当美国最强有力的商业领袖中有20%出现这种情况时，那一定是出了什么问题。这个问题，仍然是战略的执行。无论人们的视野放在自己或团队的绩效创造上，还是放在组织的持续发展上，又或者是放在全球优秀企业不断迈向的卓越上，都会看到一个事实，在组织中，执行力是检验战略的唯一途径。

在人们的工作中，既要关注执行，更要关注执行力，也就是说既要关注效率，更要关注成果。执行力最终关注的是成果而非效率。现代管理学之父彼得·德鲁克先生在谈及他是如何认识到效率和成果的区别时，讲述了他和夫人多丽丝·德鲁克相识相爱的一个小故事。

德鲁克曾经暗恋一个女孩子多丽丝，也就是他的妻子，两人认识有六七年的时间，彼此印象深刻。

后来，德鲁克去了伦敦，和这个多丽丝失去了联系。突然有一天，他在伦敦一个很长的地铁里面，突然看到了多丽丝。真是他乡遇故知，他们两个人都欣喜若狂。相遇时两人刚好都在扶手电梯上，德鲁克在上行电梯，而多丽丝则在下行电梯上正准备下去。

待德鲁克上来电梯之后，他马上就掉头转到往下的那个电梯。而多丽丝则在下了那个电梯之后马上就掉头转到往上的那个电梯。这样他们两人就再一次擦身而过、失之交臂。因为两个人还都沉浸在相逢的那种狂喜当中。这种情景又重复了一次。

最后，德鲁克终于意识到：必须要有一个人停下来，两个人才能真正见面。所以他就停下来，等多丽丝过来，他们才真正地拥抱在一起。这就是效率和成果的区别，电梯只是解决了效率的问题，但正在做事的人对目标的达成才是成果的问题。也就是说无论电梯有多快，它只能解决从上到下或从下到上的问题，而不能保证取得你想要的成果，即两个人能够最终拥抱到一起。所以，执行力不仅和效率有关，更与成果有关。

那么，一个好的执行力体系都包括什么呢？邀请你回顾一下在你所经历的职业生涯中，执行力强的组织是如何做的呢？经过多年的实践发现，一个有效的执行力体系至少包括以下五个方面。

1. 定义结果

清晰地定义结果，才能让所有的资源、方法及策略等朝着一个目标，让过程中的所有投入变得有意义与有价值。如果不能清晰地定义结果，有可能导致南辕北辙，让所有的付出变成无水之舟。对结果的定义可以运用SMART原则，即

（1）目标必须是具体的（Specific）。

（2）目标必须是可以衡量的（Measurable）。

（3）目标必须是可以达到的（Attainable）。

（4）目标必须和其他目标具有相关性（Relevant）。

（5）目标必须具有明确的截止期限（Time-based）。

【举例】

我想学习专业的教练技术（目标），我要在本月底（时间期限）在五家教练公司中（可能性）选择出合适的课程（相关性）并确定选择出一家公司完成报名（可衡量），这样描述结果清晰明确，一目了然。

2. 明确责任

当一个团队清晰了角色、责任及相应的权力并制定了工作机制时，才能在执行过程中有效地利用好一切资源，并让这些资源在一定的规则上充分发挥作用。如果分工不明，权责不到位，机制混乱，就像一群人玩着一个没有规划的游戏，团队成员不但不能主动贡献自己的价值，也不会获得取得成果的成就感。

"明确责任"可以运用RAAM［角色（Role），责任（Accountability），权力（Authority），机制（Mechanism）］原则来进行明确，即基于目标的实现明确需要有哪些角色；基于角色，每个角色需要承担哪些责任；基于责任的承担需要有哪些权力获取信息与资源；需要什么样的机制让每个角色能够协同地共创价值。

3. 跟踪结果

对结果的跟踪让所有行为的结果都能够与目标进行对标，帮助及时发现问题并及时纠正。让好的想法或做法可以继续发扬，让不利于目标实现的想法或做法及时得到修正。就像一个导航系统，在朝着目标前进的过程中可以根据实际发生的情况进行调整，以选择最佳路线达到目标。

可以运用"反馈复盘"工具来实现对结果的跟踪。

4. 及时激励

在执行过程中可能遇到各种各样的挑战，如如何让团队成员保持前进的勇气与热情，如何积极面对现实的挑战并创造性地解决问题，这需要组织或团队在计划执行的过程中进行及时的激励。反思不足，庆祝成功，促进团队成员在失败的经验中学习与成长，在成功的经验中坚定信心与积聚力量。及时激励可以支持组织或团队在一点一滴小的进步与成长当中获得更多的自信与探索未知的勇气，并及时地从反馈中看到成长与提升的空间，推动团队成员在实现目标的过程中收获成长。

通过组织中的考核政策及积极反馈的管理方法，都可以对团队成员进行及时激励。表达真诚的感激与欣赏也是一种及时激励的有效方法。

5. 重新聚焦

重新聚焦是指将计划执行情况进行总结后，将总结的收获与反思，以及相关资源重新聚焦到目标实现的下一步，或者重新聚集到下一个新的目标实现的过程，即当一个目标即将完成时，团队需要将注意力和资源投入下一个目标当中。例如，第一季度的目标完成了，就要在总结的基础上将资源和注意力投入下一个季度的目标当中。目标的实现不是线性的，就像一个螺旋动力上升的过程，或者像滚雪球的过程，每个今天实现的目标都为明天实现的目标打下基础。

如果对执行力体系做一个整体的比喻，你会想到什么呢？如果用大雁团队来做一个比喻，那么大雁团队从目标到结果达成的过程就是一个非常有效的执行力体系。它们首先有着一致、清晰且坚定的目标，它们对结果的定义就是从北方到南方，再从南方飞回北方。在飞行的过程中，雁群分工明确，有头雁和后补头雁，并且在团队成员之间有着换位与补位等运行规则，每个成员都自动按责任分工与协作的机制扮演着角色。它们不会偏离航线，即使有大雁落单也会有成员陪伴，等恢复体力后继续朝着目标前进。飞行过程中它们通过叫声来鼓舞团队；它们从北方到达南方这个目标实现后，会在北方待上一段时间，大概在来年的二三月又重新聚焦新目标，开启新的旅程即再从南方飞回北方。

执行固然重要，但是执行的成果才是真正的目的。当一位领导者对执行力有了清晰的认识并能够把握住执行体系中的关键因素时，执行力才能够真正得以提升，从而推动目标及成果的实现。

7.1 最远的距离是从头到脚的距离

> 执行力应该成为一家公司的战略和目标的重要组成部分，它是目标和结果之间缺失的一环。
>
> ——拉里·博西迪

巴顿将军的"挖战壕选将法"

巴顿将军在他的战争回忆录《我所知道的战争》中曾提及这样一个细节：我要提拔人时常常把所有的候选人排到一起，给他们提一个我想要他们解决的问题。我说："伙计们，我要在仓库后面挖一条战壕，八英尺（一英尺约为零点三米）长，三英尺宽，六英寸（一英寸约为零点零三米）深。"我就告诉他们这么多。我有一个带后窗户的仓库。候选人正在检查工具时，我走进仓库，通过窗户观察他们。我看到伙计们把锹和镐都放到仓库后面的地上。他们休息几分钟后开始议论我为什么要他们挖这么浅的战壕。他们有的说六英寸还不够当火炮掩体。其他人争论说，这样的战壕太热或太冷。如果伙计们是军官，他们会抱怨他们不该干挖战壕这么普通的体力劳动。最后，有个伙计对别人下命令："让我们把战壕挖好后离开这里吧，那个老畜生想用战壕干什么都没关系。"最后，巴顿将军写道："那个伙计得到了提拔，我必须挑选不找任何借口完成任务的人。"如果你是团队的领导者，你会录用谁呢？会不会也和巴顿将军一样选择没有任何借口把任务完成的人呢！

　　"没有任何借口"让成果的达成变得可能，而判断一个组织的执行力如何，就要看这个组织能否将企业的长期战略一步步落到工作的实处，并能够保质保量地实现既定的战略。如果判断一个人的执行力，就要看这个人的行动力，也就是没有任何借口、不折不扣达成目标的能力。

　　曾经有一位分公司的总经理在向我们分享他近几年最大的三个改变时，其中谈及执行力。他说现在很多的区域经理在集团部署的战略执行上都有很大的提升空间，尤其是新任的一些区域经理，他们不理解集团为什么要这样改革、为什么要这样调整营销模式、为什么要增加让他们感觉烦琐的流程。正是因为大家的不理解导致执行力不足，观望的人多。这位总经理分享了他对区域经理们的理解，并分享了在提升执行力方面的策略与方法。同时他分享说，他在前几年做区域经理时和现在的区域经理一样，对于因为集团的高速发展，主动创新与变革成为公司的主旋律，战略的调整及一些策略的变化自己也不理解，但是公司的文化便是以客户为中心的创新与执行的文化。在组织发展的大潮中他只能跟着一起变，不明白也得干并且必须朝着目标奋斗，这似乎有点像硬着头皮去投入。

　　但是后来他发现，在做的过程当中他越来越能够理解公司战略调整及变革背后的意图，尤其是在每年年底做总结及回看公司过往的发展时，他发现了集团更高层面的规划与布局，没能理解是因为自己不能站在更长远、更全局、更深入等视角看公司的发展，因为掌握的信息、看问题的视角都不同。所以从此之后，无论集团有什么新的政策或策略，无论理解还是通过沟通暂时不能理解的，只要是集团确定推行的，他都坚定不移地，而且不会消耗任何的精力与能量在评判、猜测和质疑上，而是朝着目标，甚至对看似不可能完成的目标也会全力投入，在全力投入中奇迹就一个个被创造了。他感慨，自己的最大变化之一就是有了超强的执行力。当他看问题的视角变了时，感受和行为也就变了，结果自然也会随之发生改变。

在我们多年的服务中感受到，很多组织不是没有战略而是缺乏战略的执行能力。我们认为，执行力简单理解即目标达到的能力。执行力的重点是能够以成果为导向，在执行过程中始终坚定不移地朝着目标奋斗，拿不到成果决不罢休，对结果百分百负责；是追求尽善尽美，通过刻意的专业训练保障执行过程中的高效与零差错，一次把事情做对；是不断聚焦高回报事项，及时沟通与反馈，擅于总结与反思，不断优化和完善相关机制和流程以确保策略的有效与工作品质的卓越。

拉里·博西迪在他的《执行力》一书中对执行力这样诠释道："执行力应该成为一家公司的战略和目标的重要组成部分，它是目标和结果之间缺失的一环。"也正如我们所说，执行力是从说到到做到的能力，执行是从知到行的过程。无论对于个人还是组织，最远的距离都是从头到脚的距离，是从说到到做到的距离，是从知到行的距离，是从目标到结果的距离，而执行力的提升是缩小或消除这些距离的关键所在。

7.2　从知道到做到——执行力的三大修炼

在组织的发展中，培养领导者对成果负责、一次性把事情做对，以及养成反馈与复盘的习惯能够更好地帮助领导者将战略落地，并在执行过程中直面现实的挑战，基于目标创造性地寻求解决方案，激发团队的行动力，百分百投入地去达成成果。

对成果负责——要事为先，抓大放小

确定目标不是主要的问题，你如何实现目标和如何坚持执行计划才是决定性的问题。

——彼得·德鲁克

【对成果负责：能够以成果为导向，不仅关注过程，更关注成果的达成；在执行过程中，始终坚定不移地朝着目标奋斗，对成果负责；拿不到成果决不罢休。】

彼得·德鲁克认为："确定目标不是主要的问题，你如何实现目标和如何坚持执行计划才是决定性的问题。"这就像我们在组织中想做很多事情，但想做与做到是两个不同的概念。有些目标没有结果往往是因为根本就没有开始。有了目标，唯有行动才有可能带来结果，而在过程中坚持，直到目标达到才是胜利，这同样也离不开对结果达成的责任与百分百承诺。

责任是一切成果达成的地基，如果一个人没有对成果负责的信念与精神会怎么样呢？可能带来的是拖延、推诿、指责或报怨、辩解或找借口等，目标的达到就像空中楼阁不可把握。要想更好地对成果负责，首先领导者要将自己的时间与精力或资源聚焦在那些重要的事情上，把握关键、抓大放小才能更好地实现目标。如果想要更好地对成果负责首先要培养这样的意识，在工作和生活中去实践，并不断总结提升，养成习惯，以及锻炼能力。以下介绍一个简单的训练——"对成果负责"的责任感的小练习。

练习方法：拥有对成果负责的责任感

第一步：问自己拥有责任感对自己意味着什么。写下3～4种想法。

（1）

（2）

（3）

第二步：将你的想法与下面的五个想法做对比，思考拥有责任感意味着什么。

（1）对自己的选择负责。

（2）敢于承担自己的所感所思。

（3）不管事态如何发展都要勇敢面对。

（4）自己选择生活的方向。

（5）做自己所选择的，不去责备别人。

意味着：

（1）

（2）

（3）

第三步：思考自己对"成果负责"的满意度如何。如果10分是满分，你会给自己打多少分？为什么？你希望可以达到多少分？

第四步：思考提升你对"成果负责"能力的最大挑战是什么？

第五步：思考提升你对"成果负责"能力的落地执行策略与方法是什么。

第六步：思考以上五步探索对你的收获与启发是什么。

一次做对——谋定而后动

【一次做对：既要做正确的事情又要正确地做事；保证符合标准、要求与规律，追求尽善尽美；通过刻意的专业训练保证执行过程中的高效与零差错。】

马拉松冠军山田本一的成功故事

1984年，在东京国际马拉松邀请赛中，名不见经传的日本选手山田本一出人意料地夺得了世界冠军。当记者问他凭什么取得如此惊人的成绩时，他这样说："用智慧战胜对手。"当时许多人都认为这个偶然跑到前面的矮个子选手是在故弄玄虚。马拉松比赛是体力和耐力的运动，只要身体素质好又有耐性就有望夺冠，爆发力和速度都还在其次，说用智慧取胜确实让人们不知道他背后想表达的是什么。

两年后，意大利国际马拉松邀请赛在意大利北部城市米兰举行，山田本一代表日本参加比赛。这一次，他又获得了世界冠军。记者又请他谈谈他的经验。山田本一性情木讷，不善言谈，回答的仍是上次那句话："用智慧战胜对手。"这回记者在报纸上没再挖苦他，但对他所谓的智慧仍迷惑不解。

10年后，这个谜终于被解开了，他在他的自传中这样写道："每次比赛之前，我都要乘车把比赛的线路仔细地看一遍，并把沿途比较醒目的标志画下来，如第一个标志是银行，第二个标志是一棵大树，第三个标志是一座红房子……这样一直画到赛程的终点。比赛开始后，我就以百米的速度奋力地向第一个目标冲去，等到达第一个目标后，我又以同样的速度向第二个目标冲去。40多千米的赛程，就被我分解成这么几个小目标轻松地跑完了。起初，我并不懂这样的道理，我把我的目标定在40多千米外终点线上的那面旗帜上，结果我跑到十几千米时就疲惫不堪了，我被前面那段遥远的路程给吓倒了。"

山田本一说的一点都不假，很多心理学实验也证明了山田本一所说内容的正确性。心理学家得出了这样的结论：当人们的行动有了明确目标，并能把自己的行动与目标不断地加以对照，进而清楚地知道自己的行进速度和与目标之间的距离时，人们行动的动机就会得到维持和加强，就会自觉地克服一切困难，努力达到目标。确实，要达到目标，就要像上楼梯一样，一步一个台阶，把大目标分解为多个易于达到的小目标，脚踏实地向前迈进。每前进一步，达到一个小目标，就会体验到"成功的喜悦"，这种"感觉"会推动人们充分调动自己的潜能去达到下一个目标。

从山田本一的事例中不仅看到了有目标的重要性，也感受到将目标分解成一个个小目标的重要性。一个目标是否能够实现，首先在于你对未来想实现的长远目标有多清晰和具象化。目标越清晰可见越能够激发人们去实现目标的动力与愿望，这也是为什么很多组织及团队会和员工分享公司未来发展愿景和战略目标，之后再将愿景与战略目标分解为员工的日常工作行为。这样的以终为始，可以有力推动团队在执行过程中把握关键成功因素，在对目标的充分谋划下制定有效的行动策略，促进一次把事情做对。

执行力的提升与清晰的目标密切相关，同时也与勇敢创新并努力追求一次性把事情做对的执行过程密切相关。这就像目标的达到不仅要知道做什么（愿景与战略规划），还要愿意并有信心和有勇气去做（找到目标的意义并树立信心），同时需要有能力去做到位。做什么（脑）、愿意做（心）和如何做（身）是员工执行力发挥的三个关键因素，当脑、心、身一致时，员工的执行潜力便会被最大化地释放出来。

如何更好地把事情一次做对，让执行更有成效呢？这让我们想起郑振佑博士分享的一个工具，我们在实践中进行了转化应用，现在分享给大家，一方面感谢我们的导师郑振佑博士的贡献，另一方面希望我们的实践能够带给大家在明确目标推动执行方面有新的启发。

目标达到前测工具——CUP目标反馈法

CUP，这是三个英文单词Certainty（确定性）、Urgency（紧迫性）、Plan（计划性）的首字母的组合，是对于目标可实现度的一个评估方法。当你有一个目标想要去实现时，你可以运用CUP目标反馈法来评估一下你的目标可实现的程度，从三个维度看到是什么影响着你的目标达到，就像镜子一样看到差距并进行有针对性的改进或做出新的选择，即继续朝着目标前进，还是先暂时放弃去实现这个目标。

第一步，先来理解一下CUP中三个字母代表的不同含义。

C （确定性）= 有多么确定会发生。也就是说你有多么确定这个目标真的是你想去实现的。

U （紧迫性）= 有多么紧急。你有多么急于想现在就去实现这个目标。

P （计划性）= 有没有行动计划。这是指基于目标的实现，你有没有行动计划。

第二步，为你想实现的目标进行打分。1~10分。

C （确定性）= ____。1分是非常不确定，10分是百分百确定要去实现这个目标。

U （紧迫性）= ____。1分是非常不紧迫，10分是非常紧迫地想要去实现，且有些急不可待。

P （计划性）= ____。1分是基本没有计划，10分是将你的计划说给10个人听，他们都认为你的计划能够完全支持你实现目标。

第三步，将打分后得出的三个数字相乘除以1 000，再检查其百分比即C×U×P÷1 000×100%。

低于60%：没有可能性。

高于60%：有可能性。

高于65%：有很大的可能性（进入潜意识）。

第四步，结合上述计算出的百分比进行反思，如果低于65%，找出原因并提出解决方案。

【举例】

我们曾经的一位客户针对他的年度目标运用CUP目标反馈法来测他对目标实现的可能性，并进行自我评估。

他的三项数字分别如下。

C （确定性）= 8分。因为对目标的实现没有那么坚定。

U （紧迫性）= 8分。如果实现不了也是可以理解的，因为本身就是比较高的一个目标。

P （计划性）= 7分。因为还没有进行目标的详细分解，也没有落实到团队的每位员工的职责中去。

根据C×U×P/1 000公式得出综合百分比：8×8×7÷1 000×100% =45%

这位客户的目标实现度为45%，低于60%。如果他在确定性、紧迫性、计划性方面没有任何改变，那么他的目标实现起来是基本没有可能的。

我们针对评估的结果与这位客户进行了更深一步的探讨，要保障最后的百分比高于65%。他想要将C提升到10分，提升自己及团队对目标实现的百分百决心与信心；将U提升到9分，提升自己及团队成员对目标实现的重要意义和价值的挖掘；将P提升到8分，制定出有效的工作规划并与团队共同完善行动计划与分工。这样的百分比为：72%，同时，制定出了将目标的可实现度从45%提到72%的策略与方法。

高效执行工具——5E执行力提升五问

通过回答以下五个问题来提升执行力。

（1）你想要实现的目标是什么？

（2）如何衡量你的目标达到了？

（3）目标实现的最大障碍是什么？

（4）需要哪些方面资源支持以更好地设计出卓有成效的策略？

（5）你的具体行动计划是什么？（什么时间，什么地点，和谁在一起做等。）

反馈复盘——催化高绩效的教练式反馈法

【反馈复盘：能够给予及时有效的反馈；擅于总结与反思，不断聚焦高回报事项；不断优化和完善相关机制和流程，确保策略有效，品质卓越。】

农夫耕田

有一个农夫一早起来，告诉妻子说要去耕田，当他走到40号田地时，却发现耕耘机没有油了。原本打算立刻要去加油的，突然想到家里的三四只猪还没有喂，于是转回家去。经过仓库时，望见了旁边的马铃薯田，他想起马铃薯可能正在发芽，于是又走到马铃薯田去。路途中经过木材堆，又记起家中需要一些柴火。正当要去取柴时，看见了一只生病的鸡躺在地上……这样来来回回跑了几趟，这个农夫从早上一直到太阳落山，油也没加，猪也没喂，田也没耕……很显然，最后他什么事也没有做好。

农夫耕田的故事听起来有些极端，但如果把视角转向工作场景，会对人们的工作有哪些启发呢？你会想到工作要有目标和计划，而不是想起什么是什么；或者你又会想到做事情要抓大放小，要聚焦高回报的活动（指对目标实现的支持度很高的事情），因为人的时间、精力、资源等都是有限的，要合理利用；或者你还会想到人要擅于总结与反思，要不断优化工作策略与方法，对成果负责。

假如再换一个视角，如果有人给农夫一些建设性的反馈，帮助他看到在执行过程中的问题，以及他自己到底想要的是什么时会发生什么呢？就像人们上班出门前照镜子，如果看到了衣服的纽扣扣错位了，你会怎么做呢？相信绝大部分伙伴会选择"让扣子归位"。在执行过程中，计划具体行动的有效性只有通过实践行动才可以验证，也就是说工作结果的取得是一个个有效执行的过程累积而成的。

为了更好地取得成果，我们在实践中运用"教练式反馈法"来帮助团队成员看到自己在执行过程中的问题与不足，并激发其主动改进，以促进目标的实现。

第五级反馈法

第五级反馈法是运用教练哲学及教练技术，针对团队或个人的绩效或者目标达成情况而采取的一种高效的管理沟通方法。反馈是高效沟通中非常关键的环节之一。好的反馈能够提升沟通与执行的成效。

为什么第五级反馈法非常有效呢？以下来看看前几级反馈的特征，相信大家会共鸣。

【举例】

第一级反馈：你真是太没用了，什么事儿都干不成。

第二级反馈：这个方案一点价值都没有。

第三级反馈：你的报告内容清晰、简洁，但其编排和表达方式太粗糙了。

第四级反馈：你对自己的这份报告感觉如何？

说到这儿，在不同的反馈层级，被反馈的人会是什么样的感觉呢？

上升到人格化的批评，会摧毁自尊和自信；不具体的反馈，不能调动被反馈者的自主权；有了自主权，但是仅给予笼统的反馈也不能推动改善的行动。

第五级反馈：这份报告最想要达到的目的是什么？你认为这一稿在多大程度上实现了这一目的？为了百分百达到想要实现的目标，你觉得还有哪些方面需要强调或改善……

上面谈及的第五级反馈是让被反馈者运用自己的大脑去思考并参与进来，有助于自己评估工作并因此更加自我依赖。同时，避免因防卫心理产生不准确的借口和辩解。

最差的反馈是针对个人的、评判性的反馈。最有效的反馈是客观的、描述性的反馈。有效的反馈能够使被反馈者独立、自主、有责任感，是推动沟通成效、推动行动的良好基石。

【整合应用举例】

第一级：你们真是够笨的，什么忙都帮不上！

第二级：你们给的信息一点价值都没有！

第三级：你们的方案思路清晰，把握住了关键，但是风险控制考虑得不够！

第四级：你们对自己的这个解决方案怎么看或感觉如何？

第五级：这份方案最想要达到的目的是什么？你们认为这套方案在多大程度上实现了这一目的？为了百分百达到想要实现的目标，你们觉得还有哪些方面需要强调或改善……

从以上的案例中相信大家已经感受到第五级反馈的魅力了。作为一位赋能的领导者，把思考与决策、解决问题等主动权交给员工时，员工的主动性与创造性、责任与担当就会从内在生发出来。

双轮矩阵

双轮矩阵，如图7-1所示，可以帮助人们基于目标进行复盘，以将精力不断聚焦在高回报的活动中，从而更有效地推动绩效的达成。双轮矩阵可以作为每周、每季及年度的动态复盘工具应用，在持续的觉察中校准目标，持续精进。

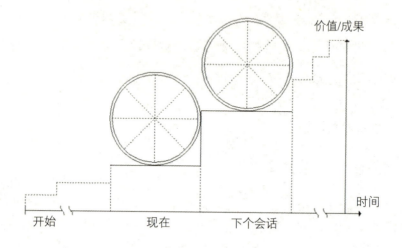

图7-1　双轮矩阵

应用步骤

上一周（或上一个月），你做了哪些事情（投入主要精力的6~8件事）？分别写进第一个轮子里（也称觉察轮）。

下个月或下一个季度你最想实现的目标是什么？

按照与你想实现目标的相关性，针对觉察轮中事项的目标支持度打分（1~10分，10分为对目标的实现非常有支持）。

为实现你的目标，你下周的计划是什么？画在第二个轮子里（称行动轮）。

按重要性排序，选择三件最重要的事情。

再从中选择一件最重要的事情，思考具体做些什么，可以完成这件事。

加入日程安排（包括完成时间、完成标准、监督人、资源需求与承诺等）。

每周回顾自己的近期行动与长期目标之间的关系，思考这对你来说意味什么？价值是什么？

最后，介绍5E领导力模型在"绩效面谈"工作中的应用，可以通过如下问题展开。

（1）思考力：很高兴和你有这样一次绩效面谈，希望我可以和你一起很好地回顾总结并规划新季度的工作，也希望我可以更好地支持你。

（2）思考力：先请你来说一说绩效目标的达到情况吧？完成度怎么样？差距在哪里？影响的原因是什么？在未来有哪些需要继续发扬的？有哪些是需要改进的？

（3）激发力：在目标实现的过程中，你和你的团队有哪些优势被很好地发挥了呢？

（4）合作力：有哪些资源需要整合和有效地运用呢？

（5）执行力：下个季度的目标及行动计划是什么呢？（做哪些事情？人员怎么匹配？需要哪些投入？建立什么机制？有哪些流程与原则可以保障行动成果的发生？）

（6）执行力：你需要我支持的有哪些？

（7）激发力：相信你……加油！！！

作为一位领导者，带领团队将目标拆解成小目标并最终达到目标既是责任也是一种使命。就像组织的存续就要持续为客户创造价值一样，唯有不断地将目标转化成有价值的成果，组织与领导者，以及员工的创造力才得以真正地体现。在实现目标的过程中，执行力是从当下去到目的地的唯一桥梁，执行力也是检验战略有效性的唯一途径。

对于执行力的提升，除了清晰目标，制定有效的行动策略，落实具体的行动计划，拥有不达目标不罢休的精神，明确分工，勇担责任等，还有一点非常关键的成功因素，那就是坚持。据说古希腊著名的思想家和教育家苏格拉底在一次上课时给大家布置了一个作业，他让弟子们做一件事，就是每天把手甩100下。过一星期后，他问有多少人现在还在坚持做，90%的人都坚持做了。一个月后，他问有多少人坚持，现在只有一半的人了。一年后，他再问时，只有一个人坚持下来了，那个人就是柏拉图。

组织发展及人的成长过程就像跑一场马拉松一样，是长跑，但同时又是由一个又一个短跑的组成的。当人们把目标分解成每天的行动计划并持续行动时，目标便在坚持中一步步实现了。就如柏拉图一样，如果没有目标清晰下的坚持也不会成就他伟大的智慧与哲思。如果领导者在达到目标的过程中不能坚持，目标便只是一面旗帜。组织前进的车轮如果不能坚持向前，便会成为人们遗忘的历史。

领导者执行力满意度评估，如表7-1所示。

表7-1 领导者执行力满意度评估

关键特征	具体行为	自评	领导评	下属评
1. 对成果负责	（1）以成果为导向，既关注过程更关注成果； （2）坚定不移地朝着目标奋斗，对成果负责； （3）快速响应，不迟疑，不等待，不拿到成果决不罢休			
2. 一次做对	（1）既要做正确的事情又要正确地做事； （2）工作符合标准、要求与规律，追求尽善尽美； （3）通过刻意的专业训练保证执行过程中的高效与零差错			
3. 反馈复盘	（1）能够给予及时有效的反馈； （2）擅于总结与反思，不断聚焦高回报事项； （3）不断优化和完善相关机制与流程，确保策略有效，品质卓越			
备注	根据自己的理解从以上三个视角对满意度进行打分；1分为最低，10分为最高			

附　录

5E领导力训练体系的最佳实践

云学堂5E赋能文化落地项目

一、项目背景

云学堂成立于2011年，作为企业大学建设和运营服务商，云学堂依托云平台、云内容和云服务，通过持续地创新，帮助人们更好地学习成长，并致力于成为全球领先的人才发展生态化服务平台，助力客户成功。自成立以来，云学堂已服务包括世界500强及同仁堂、海底捞、滴滴、瑞幸咖啡、蔚来汽车在内的各行业知名企业，覆盖近千万名学员用户，得到了业内的一致认可与好评。

云学堂现有员工700余人，汇集了互联网、企业服务、人才培养与发展等领域的精英人才。云学堂实行苏州和北京双总部运行，研发中心设在苏州，营销中心和内容中心设在北京，商业学习研究院设在上海，同时在广州、南京、深圳、杭州、武汉、成都、青岛、济南、厦门等主要城市设有分支机构。

2018年对于云学堂是不平凡的一年，不仅获得来自云锋基金领投5 000万美元C轮融资，还有众多来自不同行业的高层领导者和精英加入云学堂大家庭，助力云学堂进入高速发展期。

任何公司在快速发展阶段都可能遇到挑战，云学堂也不例外，这也是"5E赋能文化落地项目"实施的原因。当时，云学堂面临着三大挑战。挑战一：来自不同公司、不同文化背景的管理者如何快速融合。挑战二：在新的快速发展阶段，管理团队对企业文化的认知和实践此时尤为重要，如何把云学堂的企业文化落实到日常工作行为中，一起打造具有高效能、高执行力的管理团队。挑战三：管理团队如何带领团队实现业绩倍增。面对这三大挑战，云学堂邀请我们实施了"云学堂5E赋能文化落地项目"。

所谓"5E"，是我们在多年企业服务实践中提出的一个组织发展的新概念，其中"E"代表Energy，寓意为：能量、活力、精力。"5"代表五种能量或五种力量：自觉力、思考力、激发力、合作力与执行力。"5E"同时又是"武艺"的谐音，寓意为领导力是一种可以后天通过努力习得的功夫，每个人都是一位领导者，每个人都具有领导力。领导力是可以发展的，卓越的领导力是可以被训练和激发的。

"5E"还代表五种文化：自觉的文化、思考的文化、激发的文化、合作的文化、执行的文化。

二、项目设计

本次项目周期为四个月；通过文化咨询、线上课程、线下集训、一对一辅导、员工转训等方式，实现自觉力、思考力、激发力、合作力和执行力五个维度的赋能，着力落地云学堂企业文化，以及打造卓越管理团队，最终实现以下目标。

1．帮助管理者更清晰地了解云学堂的企业文化，以及自己与团队的优势并有效发挥。

2．帮助管理者了解赋能团队的五项修炼，掌握有效的方法打造卓越团队。

3．帮助管理者按照云学堂的战略创建高效组织文化，成就人才发展与绩效提升。

项目的方案和实施如下。

文化咨询。

通过对云学堂文化的系统梳理我们发现，云学堂倡导的五大核心价值观"正直助人、专业进取、引领创新、成就客户、赋能伙伴"与5E文化体系的自觉的文化、思考的文化、激发的文化、合作的文化、执行的文化中的内涵是有一致性的。所以在与高管充分讨论确认后，我们将5E文化罗盘与云学堂五大核心价值观有机地结合起来，在训练中用5E落地五大核心价值观。

线上课程。

所有中高层集中参加为期21天的"赢在中高层练5E 带团队"线上课程，并按照学习内容完成作业，项目小组实时支持、鼓励、问责。

通过21天的线上课程的学习，团队对于运用5E带团队的原因，以及5E的定义、15项能力及行为标识、部分训练工具和方法进行了系统深入的了解。通过课后作业可以很好地运用到实际的工作场景中，确保学以致用。

线下集训。

第一次集中训练：启动会及合作力训练。

本次集训目的：线上课程的复盘，管理团队的深度融合，5E之合作力深度体验，助力赋能伙伴核心价值观落地。

第二次集中训练：自觉力、思考力训练。

本次集训目的：5E之自觉力、思考力深度体验，助力成就客户、引领创新的核心价。

价值观的落地。

第三次集中训练：激发力、执行力训练

本次集训目的：5E之激发力、执行力深度体验，助力正直助人、专业进取核心价值观的落地。

一对一教练辅导。

高管是一个组织核心中的核心。培训可以帮助管理者拓宽视野，提升能力，掌握管理工具，而教练可以助力管理者有更深度的自我觉察，调整状态，激发潜力，从而发挥优势有更好的绩效表现。所以通过与高层共识，我们以自愿报名和领导推荐的方式最终确定对八位管理者，进行为期三个月的一对一教练，每位高管12次，一周一次。

一对一教练的主要目的是：

1．探索个人领导力与激发状态。

2．解决实际领导工作中遇到的问题。

3．通过接受教练辅导，真实地感受教练是如何工作的，提升教练领导力已成为教练型领导者。

员工转训。

集训之后，通过我们的系统辅导，管理者开始启动对部门员工的转训工作。通过转训，员工对于企业文化和5E领导力有了更深入的了解，员工个人能力得到了系统提升，团队学习氛围浓厚，全员百分百通过了公司的文化考核。好的管理者一定是好的培训师，通过员工转训无形中锻炼了管理者的培训能力，管理者与员工之间的距离更近了！

项目成果。

全国所有省市分公司的管理者全部直接参与了本次项目，项目好评率98%，全员700多人通过转训系统学习了5E领导力并运用5E领导力落地了公司文化。

全年倍增目标顺利达成。

创新了几十个文化落地应用场景：

1．云学堂日常行为、语言的红转绿。

2．云学堂企业文化比喻。

3．云学堂企业文化的多、少、开、停，指导日常行为规范。

4．云学堂文化墙。

5．云学堂文化实践擂台赛。

6．年会企业文化大使推荐及表彰。

……

项目反思。

1．有部分管理者由于业务冲突无法全程参与训练，导致转训时间延后，项目进度受到影响，所以在项目设计阶段可以考虑得更全面。

2．有一部分非常好的实践案例没有得到有效的收集整理。

3．对参与学员的考核和评估体系不完善，训后跟踪实践有待加强。

参考文献

[1] 彼得·德鲁克.经典德鲁克[M].孙忠，译.海口：海南出版社，2008.

[2] 拉姆·查兰.高管路径：卓越领导者的成长模式[M].徐中，杨经梅，译.北京：机械工业出版社，2016.

[3] 丹尼尔·戈尔曼.情商：为什么情商比智商更重要[M].杨春晓，译.北京：中信出版社，2018.

[4] 彼得·德鲁克，弗朗西斯·赫塞尔本.德鲁克经典五问[M].鲍栋，刘窦龙，译.北京：机械工业出版社，2016.

[5] 索尼娅·柳博米尔斯基.幸福多了40%[M].闻萃，译.上海：华东师范大学出版社，2009.

[6] 史蒂芬·柯维.高效能人士的七个习惯[M].北京：中国青年出版社，2018.

[7] 吉姆·柯林斯，杰里·波拉斯.基业长青[M].真如，译.北京：中信出版社，2019.

[8] 戴尔·卡耐基.人性的弱点[M].陶曚，译.天津：天津人民出版社，2014.

[9] 拉里·博西迪. 执行力[M]. 刘祥重，等译. 北京：机械工业出版社，2020.

[10] 陈清文. 梦想行动：自我教练实践手册[M]. 北京：北京师范大学出版社，2018.

[11] 江政，郑磊. 场域领导力：关系视角下的高绩效团队打造[M]. 北京：电子工业出版社，2017.

[12] 查理·佩勒林. 4D卓越团队[M]. 李雪柏，译. 北京：中华工商联合出版社，2014.

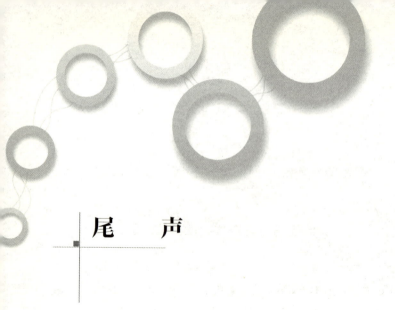

尾 声

领导未来，持续精进

> 我这辈子遇到的聪明人（来自各行各业的聪明人）没有不每天阅读的——没有，一个都没有。巴菲特读书之多，我读书之多，可能会让你感到吃惊。孩子们都笑话我。他们觉得我是一本长了两条腿的书。
>
> ——查理·芒格

从查理·芒格的话语中我们看到了阅读背后的成长。关于终身成长与为美好未来持续学习已然成为现代职业人士的主旋律，对于领导者来说更是如此。本书的阅读不仅带给你的是关于领导力发展的新视角，更是你探索自己，面向未来高品质投入当下，从而朝着愿景持续精进的有力陪伴。相信你依据5E领导力训练体系坚持修炼会帮助你更有效地发挥领导魅力，在更大程度上激发员工的潜能，赋能团队创造卓越的绩效。

反侵权盗版声明

电子工业出版社依法对本作品享有专有出版权。任何未经权利人书面许可，复制、销售或通过信息网络传播本作品的行为；歪曲、篡改、剽窃本作品的行为，均违反《中华人民共和国著作权法》，其行为人应承担相应的民事责任和行政责任，构成犯罪的，将被依法追究刑事责任。

为了维护市场秩序，保护权利人的合法权益，我社将依法查处和打击侵权盗版的单位和个人。欢迎社会各界人士积极举报侵权盗版行为，本社将奖励举报有功人员，并保证举报人的信息不被泄露。

举报电话：（010）88254396；（010）88258888
传　　真：（010）88254397
E-mail：　dbqq@phei.com.cn
通信地址：北京市万寿路 173 信箱
　　　　　电子工业出版社总编办公室
邮　　编：100036